一直向上看，以為師父離我很遠，
而師父一直站在高處，處處明白、處處關心……。
謹以此書感謝佛光山常住的培育、師父上人的提攜、一切因緣的成就。
以師父上人相贈的「人間行者」一筆字自我期許，
在道業上，永遠是行者。

人間行者

推薦序

青衣芒鞋，行腳大千無掛礙；菩提種子，撒播伽藍有慧心——慧是法師，肩擔佛光山星雲大師功德，結緣人間，妙筆生花，處處禪機，因明自在，得佛法真諦。朝軍仰先祖向佛之願，親近空明，歡喜德澤。是以沐手澄心閱是書，護法點讚，不勝嚮往之至。再讚：拱手億萬慈悲，行腳大千世界。

——岳飛思想研究會會長 岳朝軍

我與法師有因緣。遠觀，發現他柔中帶剛；互動，感動他人間佛教性格。星雲大師賦予他行腳參學，他用心交出一篇篇記遊分享，敍述當地的寺院建築和傳說故事。行者的敏銳觀察，是一種自性慈悲的流露，更是一種清淨的禪心。願有緣人，在行腳文章中，感悟生命的豁達與自在。

——南華大學講座教授　吳欽杉

同樣來自馬來西亞的佛弟子，生長於一個多元文化滋潤的土地，慧是法師是出家眾，我是在家居士，雖然只見過幾次面，但是就有一種特別相應的親切感。書信電話見面都不走客套、不拖泥帶水、不設防線的分享弘法理念和修行方式。慧是法師的書，讓孤陋寡聞的我猶如暢遊了一趟人間佛國勝地。文字，藝術，行政樣樣傑出，坦蕩帥氣的現代人間行者，慧是法師也。

——新世紀音樂家

認識慧是法師，是我的榮耀。當我內心有埋怨時，見到法師在日日重覆的生活中，都能行雲流水般處理各種瑣碎事務，且從中找到無窮樂趣，我的心情自然平靜下來。

法師把對人間的悲憫和對環境的關懷，都記錄在文字中；把尋常場景化為攝影佳作，他不說教，卻在言行中，散發正能量感召大眾。我感恩法師的啟發，但法師說：「這都來自星雲大師無我奉獻的精神，才有佛光山普照眾生的慈悲！」我確實是被慈悲普照的眾生之一啊，感恩。

——安柏康經絡技術學苑講師　劉貴花

慧是法師是我認識的第一位出家法師。

與法師認識完全是機緣。法師與人打招呼的方式不是打躬作揖，而是雀躍的以雙手擊掌，顛覆我對法師的既有印象。

周遭常有諸多友人邀我參加他們認同的佛教團體，但皆被我以「佛無所不在，常在我心」予以婉拒。認識慧是法師至今，只聽到法師對佛的尊崇與讚美，只看到一個文質彬彬、待人謙和、質樸有禮的修行者，以自身的風華與氣度，讓我見識到佛子修行的善與美。

——大自然生機（股）公司 吳飛閣

自序

行腳大千

這是一本記憶書。在時間上，它跨越近十年的時間書寫；在空間上，縱橫南半球到北半球，真實記錄一位人間行者，每天在生命中的點滴感悟。

多年來，文章陸續刊登在《人間福報》、大馬《普門雜誌》（簡體版）、《人間通訊社》、《人間學報》藝文版，今匯聚成冊，做一次小結，自勉文字耕耘，更上一層樓。

本書的文體多變，由世界最南端紐西蘭南北島開始，那是參與創意設計到作品的完成，一步一腳印，見證家師星雲大師，如何籌劃海外寺院道場，從無到有的過程。

之後轉輾大陸駐錫四年，從北京遊走到四川，走訪千年菩提路，回溯幾千年前曾有的鼎盛昌隆，如今只能在文字中，依稀找到當年的畫面感和溫度感，期許再次見到佛教復興，展現千年底蘊深厚。

東渡日本島國時，又以細水長流模式，敍述千百年之前，唐代高僧鑑真大師，為大宏願的弘法忘我，佛教在異地如何本土化。

最後西行到佛陀的故鄉印度，朝聖曾經佛陀行化的聖地，直探佛法的真義，以詩歌體裁，用最原始的口述方式，呈現所見所聞，以佛法印心。

願見聞此書者，因為書中的一句話，抑或閱過一張照片，都能心生歡喜，是為此書付梓最大願望，自序於佛光山普賢殿。

萬法緣起

大鵬展翅 奮起飛揚；
粗牆疏影 休閒修行——
佛光山在紐西蘭北島、南島的建寺因緣

究極之境
紐西蘭北島佛光山

北島佛光山以東方的智慧為主軸，結合人本的思惟，分享獨有的大自然。從觀音殿布局的青銅鑄造觀自在菩薩，就可見一斑，在莊嚴寧靜中有一種回家的感覺。人，心中會有幸福感，是因為找到靈魂最終的歸宿。

在世界最南端，有一座人間佛教道場——北島佛光山，它近鄰海邊，一天有多變的氣候。你一會兒才看見陽光普照，突然強風一吹，滿天的烏雲，就隨風飄來，速度之快如萬馬奔騰之勢，頃刻之間大雨如銀河般傾瀉而下，才一回眸，又雨過天青。這陽光、雨水、風雪、三大天然資源，在北島是這般的唾手可得。尤其北島空氣清新，宜居宜遊，在馬路上隨時可以看見綿羊在吃草，人少羊多，是北島最真實的畫面。

北島佛光山坐落在奧克蘭馬努考市區，早期道場尚未成立之前，由榮譽功德主

紐西蘭北島佛光山鳥瞰圖

賴耀森居士捐贈農莊作為會務推展及弘法之基地。後來因信徒增加及中文學校的開辦，場地不敷使用，於是在一九九六年籌建新寺。當時獲得黃明泰、蔡素芬夫婦發心捐贈土地，又得到馬努考市府的協助，購得這塊土地。

北島佛光山在籌建的過程中，並沒有很平順，而是崎嶇難行。法師們除了佛門五堂功課之外，還要籌募建寺資金，同時又要瞭解平面規劃設計，審核工程合約簽定，更要周旋在建築師和廠商的開會溝通中。體力上，要支撐反覆的討論、推演和決定；執行中，施工現場不乏奇奇怪怪難題要拍板定案；時間上，一年或許可以忍耐，二年已經突破，三年無疑到達了極限。

眾緣和合，東方智慧結合人本思惟

除了鋼筋混凝土是本地的材料之外，北島佛光山所有的物品都是從臺灣進口，裝箱坐船過來，由最上方屋頂琉璃瓦，到殿堂的佛像，乃至最小的香爐。所以一間寺院成立的因緣，從平面設計、建築施工，到裝修完成，並非易事，它需要更多眾緣和合才能有所成就。

其實，東南亞的居民對紐西蘭並不陌生，同屬英國殖民地，所以很多人會選擇到紐西蘭定居長住。佛教也是一樣，自印度傳至大陸，今在臺灣弘揚，如今又是怎樣的一種嶄新思惟，能夠走入紐西蘭這片淨土？千頭萬緒之中，經過層層抽絲剝繭，北島佛光山決定以東方的智慧為主軸，結合人本的思惟，分享獨有的大自然。從觀音殿布局的青銅鑄造觀自在菩薩，就可見一斑，在莊嚴寧靜中有一種回家的感覺。人，心中會有幸福感，是因為找到靈魂最終的歸宿。所以來到北島佛光山，如果你想喝杯茶，或是用素齋，可以到古色古香的滴水坊，那裡以沉靜穩重的古木為桌椅，四周翠竹、茶花、櫻花，隨著陽光的腳步影映窗前，古樸雅趣的氛圍下，品一份素齋、飲一壺清茶、讀一卷好書，享有這個沉澱心靈的空間。

紐西蘭北島佛光山觀音殿

紐西蘭北島佛光山滴水坊

從觀音殿走過，迎面而來的是有兩米高的十二盞粗面雕造大石燈，石燈內的光明一直陪伴供養人的名字，有機會種下善根因緣在北島佛光山，何嘗不是一件值得回味的事！寺院裡的園林設計，更是佛光人和青年共同努力的成果。尤其是用牛毛草分隔的成佛大道福田，如今許多來寺大眾走在開闊的成佛大道上，都要屈身摸一摸長得如此不真實的牛毛草，隨後便是嘖嘖稱讚這片不可思議的福田。左右兩邊眩目的櫻花步道，趣味古意的禪園，在小沙彌的召喚下，就會忍不住想多看一眼。用心栽植的松、竹、櫻、柳等植物，更為道場增添靈秀之氣。

佛光道風菩提心，人間佛教永相續

大雄寶殿，挑高十六米，雄偉的殿內，供奉著來自緬甸的玉佛，柔美的金線勾畫下，仰之攝受人心，也是大殿的焦點。在圓弧形背牆的襯托下，就像佛陀敞開的

紐西蘭北島佛光山蓮池塔

雙臂，歡迎所有與佛有緣的大眾，牆上以玄武岩細雕的古佛，每一尊都彷彿在微笑著俯視芸芸眾生：何時可以自覺自悟，做自己的貴人？你可以停下腳步，放下心中的掛礙，去細細詳看；你也可以頂禮朝拜，在千佛之中，尋找與自己相應的那一尊佛。在這深邃的大殿裡，無論你身站何處，總有千佛萬佛圍繞著你、加持著你，而大殿內原有六根大柱，在用心設計下，製造了六尊供養菩薩，手持不同法器，兩面向著玉佛聚焦中心，象徵著大乘佛教所行持的六度波羅蜜，行者從拜佛、學佛、行佛，邁向成佛之路。

二〇〇七年十月二日，星雲大師法駕北島佛光山，親自主持落成開光暨三皈五戒甘露灌頂典禮，大師提取法語：「北島佛光道場裡，護法虔誠起歡喜，佛光道風菩提心，人間佛教永相續。」並且致詞：北島佛光山不只是一座寺院，更是民族交流文化的場所，不論是毛利人、KIWI、澳洲人還是華人，進到這裡都是平等的。為尊重當地習俗，並化解當地人對於佛寺的疑慮，二〇〇七年滿

紐西蘭北島佛光山大雄寶殿

紐西蘭北島佛光山大殿

信法師代表常住接受毛利長老分別贈予南北島佛光山道場各一塊國寶綠玉石，對紐西蘭毛利族與佛教而言都是有史以來的創舉，代表人間佛教深入紐西蘭的本土文化，並且受到尊貴對待與美妙的讚歎。目前這塊綠玉石即供置在大雄寶殿裡。

用美學來傳遞佛法真理

大雄寶殿兩側，是佛光緣美術館紐西蘭一館的兩個展廳，西單展廳的常設展「人間攝影展」乃文化教學的空間，透過展出紐西蘭南北島道場不同的景觀，呈現人間生存的方式、人間生命的態度和人間生活的品質。東單展廳，作為藝術、信仰與文化交融的窗口，為大陸、臺灣、海外及紐西蘭當地藝術家呈現藝術結晶的舞臺，用美學來傳遞佛法真理。

蓮池塔也是北島佛光山唐式建築風格中的新亮點，沒有複雜奢華的包裝，塔上錯落的窗戶點綴，脫離傳統的寶塔式風格，讓佛教的建築與美學融為一體。通向塔底的步道兩側，波光粼粼的水池伴著水簾幕，讓緬懷親人的家屬走進塔內獲得心靈的釋放，也令亡者安心。塔底鐫刻在牆上的《金剛經》全文和一樹獨秀的玉蘭花，期冀生者與亡者皆能領悟「應無所住而生其心」的真諦，堅信一個生命的結束，是另一個生命的開始。心定和尚法駕為蓮池塔啟用灑淨，大師亦特別揮筆題下「蓮池塔」三個大字，用古樸透光的鏽鐵材質篆印，傳遞一種冷峻卻有力量的生命氣象。

唯一亞洲宗教團體，入選非營利超級品牌

紐西蘭佛光山不僅是寺廟硬體，在文化、藝術、弘法上皆有傑出成就，二〇一二年入選國際最具代表性及影響力的品牌評審機構「Superbrands超級品牌」，是當地各行各業入選的數十個品牌中唯一的非營利機構、唯一的亞洲宗教團體，成為實至名歸的心靈品牌。

為共創和樂淨土，營造多元融合的社會，二〇一六年浴佛節是北島佛光山連

續舉辦的第十五屆佛誕盛會。莊嚴的浴佛典禮及各類豐富精彩的文教活動，每年都吸引上萬人共襄盛舉，呈現歡喜、多元、人文、藝術的特色。經過十五年的口碑宣傳，至今已成為奧克蘭最具特色的重要文化節慶之一。

為耕耘於本土，北島佛光山也積極幫助紐西蘭人民認識良善的人間佛教價值。二〇一四年開始舉辦的首屆「紐西蘭佛光山三好四給人間佛教文化節」，至今已經第三屆順利圓滿。從最初的三間學校參與，到如今七所學校加入，累積吸引當地中小學生逾五千位學生走進道場，為建設和諧社會推向新的高峰。

與紐西蘭警署部的緊密互動，應該是紐西蘭佛光山的一大特色。歷年來，南北島佛光山對紐西蘭的社會安全及和諧做出了不少的貢獻，滿信法師於二〇一〇年成為第一位受聘為皇家警校二六一營隊基督教以外的心靈輔導師，以大師的智慧為警員開啟生命的里程，也讓人間佛教在紐國的舞臺綻放光芒。

大師對道場的發展，強調要重視文化教育和本土弘法，本著「學校寺院化，寺院學校化」的創新先進觀念，讓傳統保守的思想，在青山碧水的南方人間淨土，走出一條與眾不同的道路。有空不妨巡禮北島佛光山，你會喜歡這方山水禪境！

21　究極之境　紐西蘭北島佛光山

至淨人間
紐西蘭南島佛光山

「石窟佛跡法萬千；粗牆影疏綠點點。
行住坐臥娑婆間；休閒修行笑談間。」
行、住、坐、臥皆是佛法禪意。東方藝術石窟與現代永續建築，在南半球的基督城，展開一場注目的東西方文化藝術交流。

南島基督城真可稱為「綠林城市」。

逢秋之行，暖和的秋陽穿透在潤濕的空氣中，意外發現四周叢林枝葉金黃與翠綠交錯的影像，落葉隨風飄曳在蔚藍的天空下，天地變幻之美；樹林蒼松之融，讓人屏息留連！遊走在樹林之下，百年的巨樹，透露時間的歷史，反觀倍覺人類的渺小；細心聆聽，有情無情，無時無處都在演說三千大千的佛法真義。

究竟是什麼樣式的佛教建築，適合在這個著名的地點上呈現出來呢？南島的建築概念比較傾向以最低限度的材料與形式去發揮出最大的效果。雖然看起來單純，

但實際上則是想要生產出複雜而具有深度的空間。比方說，嘗試以大膽的長方形與圓形最基本、最低限度的幾何形體錯落組合，而顏色方面也是重視自然素樸的色調，所呈現出「靜雅」的建築物。相對於與外境「快動」的車水馬龍，悄悄的，靜靜的去投射出屬於人類內在精神層面。

南島佛光山建築設計說明：佛法東傳融入中國文化，歷經兩千年歲月而創造出石窟雕刻藝術。龍門石窟氣魄宏大，內涵豐富，雕刻精細著稱於世，在東方藝術表現上是不朽的精神創作，現今列入為世界聞名的佛教藝術寶庫。

紐西蘭南島佛光山建築則透過石窟雕刻的宗教藝術來弘揚佛陀本懷的精神。建築師提出：「石窟佛跡法萬千；粗牆影疏綠點點。行住坐臥娑婆間；休閒修行笑談間。」的設計概念，所謂行、住、坐、臥皆是佛法禪意。東方藝術石窟與現代永續建築，在南半球的基督城，展開一場注目的東西方文化藝術交流。

和當地文化相融，用建築說法

南島協會成立初期，以古督導的處所為會員共修之場地，一九九二年遷至Cashel Street一座六十多年歷史的天主教堂，將其改建成南島講堂，一九九三年五月十六日啟用。基於原先的小教堂，已不敷當地推動各種法務的容量，而尋覓更有未來性的場地，期望能夠做更長遠的規劃，在推動人間佛教法務上，有更深層意義和價值。後來在前任住持滿謙法師及現任住持滿信法師的共同努力之下，於Riccarton Road及Harakeke Street交叉口購地新建南島佛光山。

基督城著名建築師Barry Dacombe給予這份建築設計很高的評價，並說：設計者雖未居住在基督城，卻能設計出一個與當地文化相融的作品，使建築物本身已然成為基督城的一部分，而佛法也透過建築物向大眾說法，設計者對當地文化有極高的透視，建築中對各種空間考量幾乎無懈可擊。設計融合中國龍門石窟藝術之美與西方建築創意概念，勢必成為紐西蘭新地標。二〇〇六年底竣工，二〇〇七年十月由星雲大師主持開光典禮。

紐西蘭南島佛光山

紐西蘭南島佛光山如來殿

二〇〇七年Warren & Mahoney建築設計公司的「行者的思維」建築獲選為紐西蘭國家級設計大獎之前十名。南島佛光山除了在建築硬體上以綠環保取勝之外，在建築中處處展現「以人為出發點」的設計，其所蘊含的「人間性」，更是得獎的重要因素。

用虛實的空間變化，牽引心靈悸動

在外觀第一面石牆，高低中布局了石雕的佛像，以「行」、「住」、「坐」、「臥」呈現出佛陀有利他性、生活性和淨化性的人間性格。藝術造型質樸俐落的石雕佛像靜靜的佇立在石牆上帶來深廣的禪意。石牆本身也充滿戲劇性的變化，開始由左邊一百五十公分漸漸順縮至六十公分的對比尺度，配合整體景觀設計而塑造出綠蔭大道，間接減輕石牆的拙重感覺。

從外觀第一面石牆經過粗木糙面的水上行人步道，兩旁有粗木條維護著行人安全，引領到主體建築外牆，中間的水池有著各色的蓮花錯落搖曳，沁芳怡人有靜慮落塵之勢，配合石牆背面流下的潺潺水聲，企圖悄悄的掩飾掉吵雜的車聲，轉換回清明的心情來到大門前，營造另一番自在的天空。

而在主體建築外牆左上方有帷幕直落玻璃影射出往來行人走動的身影，呼應右

紐西蘭南島佛光山

下角的玻璃與柱子留白，在傳統與現代建築中創造出虛實之空間變換，彷彿真理的生命力停留在流盪漩渦中，讓行人路過之餘，緩進之間有一絲絲心靈悸動。佛法的圓融精神，透過建築空間默默無聲的傳承，詮釋建築的影響力，自然引人入勝，令人會心意解。

經過巧妙用心的布局下，踏進有豐富內涵空間的美術館。自二〇〇九年展出姚紅英蘇州刺繡作品之後，南島佛光山已成為當地重要的藝術殿堂，並累積兩千五百餘位「佛光緣美術館之友」。美術館後方有長形自然生態的花園，上方有自然採光變化形成大自然與室內空間連貫無間，欣賞四季花草植栽變化無窮，蜂蝶漫漫起舞。

身心靈皆飽足的創意空間

如果想直抵大殿，可在入口的右方搭乘電梯到二樓，而緊鄰電梯左方就是可休息與休閒的滴水食坊，承載著佛教文物、各類書籍流通，同時也是品嘗各種美食小點的空間，踏進這文化氣息的空間，在這陽光和熙的下午放鬆自已，享受潺潺水聲與片刻寧靜。

直望中庭，有一棵代表性的大樹，見樹又見林，敍述著偉大的佛陀從出生人間到涅槃寂靜有著密不可分的因緣故事。另外，這個中庭可以引進陽光、彩虹、風露、雨水進來，當然都是陽光揮灑在樹枝上所造成的各種化學反應。

素牆娑婆映影，這是一個可以發揮無限創意的天地，從知客法師口中娓娓道來，就令人為之嚮往。中庭一旁是木板的延伸，試圖呈現一種驚人的視覺張力，讓喜歡戶外禪的修道人，倘佯沐浴走入大自然的禮讚中，為每天忙碌緊繃的生活，找到一處遨遊的寧靜，享有最大的心靈富足。

從古樸藝術的外牆，進門參觀美術館到滴水坊用點心，享受中庭的大樹景觀後，可由前梯或是後梯緩緩到達大殿，人性的服務臺，有著親切的招待，當厚實的大門緩緩推開後，來自緬甸莊嚴的玉佛，就坐在觀音石上，慈祥的目光，散發出悲憫的神情。大殿兩側是以格柵嵌入佛像，讓善心人士可做供養；同時也是視覺上無盡的延伸。

因應逃生的問題，在大殿前後皆設有樓梯逃生。因此在空間的規劃上，有了一道時光隧道，讓自然光穿透，而塑造出光影變化虛實的效果，也間接讓朝聖者的心情更肅穆祥和。從大殿的臺子遙望出去，那是一種開門見山、無窮無盡的視野延伸，令人神情震撼，建築、自然與人物創造出最極致的完美。

南島滴水坊

南島佛光山展出星雲大師一筆字

慧是法師（左一）於南島佛光山留影

古道今山

群山因壯闊的海洋，更顯其形，重巒翠綠；
古樹因流轉的歲月，更顯其身，見證歷史；
寺院因駐錫的僧人，更顯其相，傳承弘揚。

觀世音菩薩的道場

普陀山

遨遊在深山名地，千年古剎叢林，令人豁然釋懷，
感念前有多少賢人輩出的法雨無施，
才孕育了天華無念的菩薩道場，
讓遊人重回，一生又一生，一世又一世。

觀世音菩薩何處尋？菩薩是否就在自家的佛堂上，抑或在莊嚴雄偉的寺院裡？何處可以看到菩薩？菩薩在那一個國度裡度化有情眾生？還是自在的端坐在紫竹林中，對著來參訪的善財童子演說慈悲的法門？千年來，又是什麼樣的行願，讓觀世音菩薩無盡的慈悲和化身的智慧，恩澤與潤化芸芸的眾生，遠離一切顛倒夢想和恐懼？

普陀山，是觀世音菩薩教化的地方。觀世音菩薩選擇此地千座小山，作為度化眾生的道場，有著不可思議的因緣，猶如千手千眼守護眾生。如今我等有幸入山朝

聖禮拜，一路上心情充滿著微妙的變化，有一種很清明爽朗的感覺；一種思念歸鄉的繫念，在發酵著。

從香港直飛舟山國際機場，突如其來的亂流讓機身顛簸搖晃不已，但是心中不曾畏懼，因為我深深的相信，觀世音菩薩是一位「施無畏者」，是一位苦海常做度人舟的聖者，在考驗我對無常的體會。在聲聲聖號連綿當中，舟山機場的小黃花，在迎風搖首，歡迎我們的到來。

「群山因壯闊的海洋，更顯其形，重麓翠綠；古樹因流轉的歲月，更顯其身，見證歷史；寺院因駐錫的僧人，更顯其相，傳承弘揚。」

這是剛到南海佛國的第一個感覺，充分展現出華夏五千年文化之瑰美、之深蘊！

渾然天成佛頂山

掛好單，用過簡餐，一行人即隨興徒步夜遊普陀山，感覺上有另一番說不出的神祕氛圍。走到普濟寺放生池，發現這裡的蓮花燈、淨瓶燈好壯觀，直立在放生池中，圍繞著一圈圈小蓮花燈，加上有噴泉、燈光、音樂、煙霧的效果，產生如幻的視覺效應，讓燈燈相映，有光影無窮無盡之美。

一夜好眠，拂曉的天色，我們就開始這兩天一夜的朝聖禮拜。佛頂山是普陀山海拔最高的一座山，一路上踏在印著刀痕的石板上，雖然表面凹凸不平，但是感覺腳下踏實，踩在象徵福田的石板，面向旭日，彷佛穿越時光隧道，讓人有著古今交錯的意境。

穿過綠蔭的叢林，驚奇的發現，在路邊的大石塊，有明代書法家董其昌的字跡「入三摩地」四個大字，印刻在大岩石上，字跡凹刻與石岩上青苔已融為一體，如不注意可能不易發現。

而「佛頂頂佛」四個大字，更讓人對佛頂山的周遭景色驚呼一絕！叢林寺院的美景，有周遭千年古樹參天的陪襯，樹影婆娑，烙印在土黃斑駁的高牆上，土灰色的筒瓦有些參差疏落，自然的布局，完全無人工的修飾。

古樹在這裡，忍受了多少酷寒嚴冬與豔陽的昊照，在深秋凋零的行人川流中，只有古樹斜枝陪伴，藉著旭陽斜照短暫輝映下，彼此相依偎著。聞風起舞之間，泛黃的落葉紛飛，是彼此的心心相印……

天華法雨，靈性對話

據說，寺院內有一僧人發心修行，雖已閉關沉潛三年，深入經藏，至今仍未有意要出關，預計還想繼續未來的三

年。在這福地洞天裡優游法海，探索佛法，還我本來面目，相信一定是感悟匪淺，但願眾生，遠離煩惱，究竟涅槃！

離開佛頂山，我們來到面向海邊的法雨寺。越過清澈的池水，抖落一身的塵勞，立即挺身拾階而上，在藏紅色天王殿牆上有「天華法雨」四個大字藍底黃字，是出自律宗一代大師弘一大師的墨跡，字跡精簡無火、圓潤樸實，充分展現修行人淡泊隨緣的性格，更見證了大師與法雨寺深厚的因緣。

法雨寺的廣場布局，有著高立聳天的銅鼎；精美雕刻的石經塔圍繞兩邊，廣闊的丹墀是眾人取景的好地方，在眾多的鎂光燈閃熠下，我怡然走在石階梯上，就像與古人在同境同物中，輕輕擦身而過。

瞬間心生一念：物不曾變；心不曾滅；意不曾染。遨遊在深山名地，千年古剎叢林，令人豁然釋懷，感念前有多少賢人輩出的法雨無施，才孕育了天華無念的菩薩道場，讓遊人重回，一生又一生，一世又一世。佛教建築也默默無言的傳遞了千古法音，遊人如你，可曾靜下心來細細聆聽，內心靈性的對話？

觀音不肯去！

秋高氣爽宜人的氣候，一路參訪下來，身體不覺得累，也因為有小型巴士載送大家到各朝聖的定點。遙想古人，身背行囊，靠雙腳步行，如果從碼頭為起點，三步一拜到各大寺院朝聖還願，據說也要八至九個小時，這須何等的恆心與耐力的考驗！

經過十分鐘左右的車程，很快的我們來到「紫竹林」的地方。善財童子五十三參，第二十八大善知識，是來參拜紫竹林的南海觀世音菩薩。正在疑情中，團長告訴我，真的是紫竹林！因為周圍所種植的竹子確實是紫色，直徑小，竹子生長密度也高，在當地算是特有的品種。

在紫竹林的近鄰是「不肯去觀音」的寺院，一棟仿唐式的建築物，灰黑色的屋瓦與素白色的牆面，直菱的格柵圍繞四周，更顯樸素雅致！

相傳在五代後梁貞明二年，日本僧人慧鍔來中土求法多年，有因緣看到一尊莊嚴的

觀音菩薩像，從五臺山經寧波（古稱明州）想帶回日本供養，夜間坐船經過此地時，突然間天地變色，烏雲密布，海面上湧出朵朵的鐵蓮花，讓船隻無法動彈前進。慧鍔被三天狂風惡浪阻住了歸程，靜心一想，菩薩靈感不肯去東土，必有大意，最後只好被迫將菩薩聖像請上小島，建茅篷供養，菩薩慈悲不肯去，靈感度化，日復一日，年復一年，來朝拜的人也漸漸多了。

如今時光流逝千年，潮音一樣不絕，菩薩願力誓深，當年不肯去，如今風湧來！菩薩與普陀山的千年因緣，是多麼的叫人感懷呀！

矗立在西方寺前方小山丘上，「南海觀音」銅像就像慈母映輝，慈眉俯視群生，亦如《普門品》云：「慈眼視眾生，福聚海無量。」面對洛迦山相遙望，海天夕陽西落，來往的船隻，皆能遙見菩薩的身影，瀰漫著一股祥和的金色，群山、海洋、銅像和諧相容。

南海觀音銅像高三十三公尺，用七十噸鑄銅建造，手轉金輪，兩層蓮花為底座，全身金色，由全球華人共同出資建設。相傳在一九九七年聖像開光時，菩薩慈悲顯靈，為

39　觀世音菩薩的道場　普陀山

是度化有情，讓大眾生菩提心，如今仍是當地熱門且稱奇的傳說。中國佛教協會會長趙樸初（人尊稱趙樸老）欣喜的為「南海觀音」提筆揮毫，為普陀山增添新的人文景觀，更是海天佛國的象徵。

晝夜六時，普門大開

觀世音菩薩為什麼具有如此崇高偉大的行願？答案就在《法華經．普門品》裡：「佛告無盡意菩薩：善男子！若有無量百千萬億眾生，受諸苦惱，聞是觀世音菩薩，一心稱名。觀世音菩薩，即時觀其音聲，皆得解脫。」古佛應世，護佑眾生，菩薩的悲願，天地也動容！

聽說最靈感的觀音菩薩聖像就坐落在普濟寺，一座千年古剎，受萬人膜拜，亦是歷代帝皇諸侯、文人雅士必到之處。圓通寶殿內所掛立的匾額不計其數，佛龕正中有一幅是大清皇帝多次南巡江南參拜所提匾額「普濟群靈」四個大字，並落有御印，不經寺內住眾一指說明，挑高的大殿還不易見到。

普濟寺香火鼎盛，每逢觀音菩薩聖誕，全球信仰觀音菩薩的華人，必來進叩上香，或朝山還願。寺內大開法筵，廣施法雨，人潮前後不斷，幾乎已成為當地特有的活動。夜晚的普濟寺因動態花燈的布置，遊客也絡繹不絕。白天的朝拜祈願、晚上的遊賞燈會，普濟寺晝夜六時，都在因應眾生需要而普門大開。

南海普陀山是中國四大佛教名山唯一座落在海上的勝地，有著秀麗的自然景觀與悠久豐富的佛教文化融匯其中，令這裡的一草一木、一山一石都能敍說三千大千的浩瀚佛理。據常去朝聖的內行人分享，普陀山是觀音菩薩弘化的地方，對面的洛迦山是觀音菩薩修行的地點，看來又要準備行李出發了！

大慈菩薩在人間
浙江雪竇寺

布袋和尚曾在雪竇山弘化，
種種典故、傳說在這裡流傳千年，
使得雪竇山有望繼九華、普陀、五臺、峨嵋之後，
名列佛教第五大名山——彌勒菩薩的道場。

菩薩的慈心悲願，隨願隨求示現在各地名山，度化廣大的有情眾生，為充滿苦難堪忍的娑婆世界，灑下清淨滋潤的甘露法雨。

繼四大名山各自有菩薩教化一方，而第五座名山，究竟會花落何處？在教界內一直有不同的說法，眾說紛云中，從未曾有人拍板，也無人肯定案。而菩薩的法眼，就像神奇廣大的鏡頭，看見眾生的因緣果報，看透無常真理的示現，更看盡所有眾生的祈求。菩薩的大慈悲，就隨著眾生的根器和業力，變化出千百億的化身……

為了探望在雪竇寺受戒的師兄弟，從江蘇一路直奔到浙江，過了邊界，路況開始顛簸起來。沿著九拐十八彎的道路，很快就來到雪竇寺的東側門。灰色的天空，似乎剛下過大雨，洗盡了世間的塵勞，濕潤的空氣有些清純，讓人倍感舒適沁涼。

雖然已過了用午齋時間，受戒的師兄還是請大寮趕快下陽春麵，一夥人擠在一個很小的齋堂過二堂，手上握著剛沖洗的餐具，一人一對未乾的木頭筷子，一人一碗熱滾的麵，霧氣瀰漫在小齋堂裡，只聽見吃麵的咻咻聲作響……

疑是彌勒下九重

浙江的地理環境，古稱「七山、二水、一分地」。山多，青山峰峰；水多，綿綿山嵐起伏，飄渺在寺院的周圍，彷彿就像兜率天的大願菩薩，乘著白絲如銀的浮雲，懷著慈心悲願而來，化身人間，來去

大慈佛國

自如，無所障礙。

雪竇寺位於雪竇山，山高海拔八百多公尺。寺院地處山中一塊小平原，座北朝南，四面青山環抱，九峰山巒參差，因有東西兩澗之泉水，匯合於寺前之含珠林，曲折南流至千丈岩，泉似白銀噴瀉而下，狀如片片白雪，「雪竇」因此而得雅名。雪竇寺四周有群山秀美，猶如兜率勝境，故有名言「四面青山，山山朝古剎；環列翠峰，峰峰叩彌勒」之寓。

雪竇寺開創於西晉元康元年（西元二九一年），初名瀑布院。唐會昌元年（西元八四一年）遷建今址。宋咸平二年（西元九九九年）宋真宗趙恆賜名「資聖禪寺」。宋仁宗因感應彌勒菩薩示夢以老人度化，驚醒後，立即下旨收集天下名山，以鑑定夢境所示，結果唯有雪竇山與夢境相同，故有「應夢名山」之稱。

與雪竇寺有不解因緣的是五代時期的「布袋和尚」。布袋和尚曾住在雪竇寺，隨機度化世人。據史料記載，布袋和尚法名契此，家鄉奉化長汀，故自號「長汀子」，但手常持杖、身背負荷袋，遊化於民間，其寬厚樂觀的作風深得民眾歡喜。

布袋和尚的智慧

奉化一地，流傳有「布袋和尚」一生的故事，從傳奇的出生、出家修行的岳林寺、講經弘法的雪竇寺、圓寂埋骨的中塔院，已經深入民間，老少無人不知。其中，布袋和尚留下來的〈插秧偈〉最膾炙人口：「手把青秧插滿田，低頭遍見水中天；六根清淨方為道，退步原來是向前。」語言通俗，含意深刻，把插秧和學佛融為一體，充分體現了布袋和尚的智慧和才能。

布袋和尚的形象，象徵兜率彌勒菩薩轉化到人間的過程，反映了印度佛教傳入中國兩千年後，為中國傳統文化和民間世俗所轉變的事實，異地文化雙向的相匯、相契、相融，而衍生出宗教實用性和文化本土化的結果。

一九三二年至一九四六的十四年悠悠歲月，太虛大師住持雪竇寺，曾於此處開講《彌勒上生經》、《彌勒下生經》，並大力提出將雪竇山定為「彌勒道場，列為五大名山之一」，以此奠定雪竇寺為五大佛教名山的基礎。

遊人如果有因緣，可以看見在彌勒殿前東單的銀杏樹下，豎著一塊武岩石碑，上刻著「大慈彌勒菩薩應跡聖地」，立在高聳如天、繁葉如星的千年銀杏下，顯得意義非凡。

人間佛教，繼往開來

為了紀念太虛大師對雪竇寺的貢獻，在後山不遠處，另設有「太虛塔院」四合庭院，走過樸實的石板小徑，發現原來內庭廣闊，林間綠意盎然，樓閣深深清幽。走進後殿，中間塑有太虛大師銅像一尊，極其傳神。走近可瞻仰大師的慈顏，發現帶著圓框眼鏡的大師，有一雙深睿的雙眸，透著一股堅持的毅力，似乎在思考著如何復興佛教！

在銅像後，設有直式原木屏風，屏風上刻有大師經典名言：「仰止唯佛陀，完成在人格；人成即佛成，是名真現實」四句偈，把大師所提倡的理念精神，煉就一句「人間佛教」。

繞過屏風後，有一座近四公尺高的玄武岩舍利塔，塔身正面刻有古字「太虛大師之塔」，呈現出字簡有韻的特殊效果。在微弱的燈光下，眾人參拜時，雖然看不見舍利，但是太虛大師的大願，猶如虛空般的無盡無窮，在浩瀚的時空裡，留下耀眼的永恆，引導著莘莘學僧。

一遊雪竇，發現前人對雪竇寺的愛護與成就，後輩們也延續

前人的理念繼續發揚光大。現今住持怡藏法師發願籌建全球最高坐姿銅製露天彌勒大佛，身高五十六公尺，在二〇〇八年完成開光，寺方特別禮請佛光山開山星雲大師，大筆加持「人間彌勒」，標誌著邁向第五名山堅實的一大步。

遊覽歷史悠久和剛籌建彌勒大佛的雪竇寺，寺院規模也具有大叢林的雄偉氣勢。據知客法師推薦，對面的千丈岩，也是值得一去的自然地標，遠處聽水聲，洗滌一身的塵勞，風聲撫過，細水如雪花迎面撲來，上有彌勒大佛慈眼俯視，下有千丈瀑布隨岩湍流，一介僧人，遊走在木橋上，長衫飄起弄影，盡是自在無求的示現。

看過千丈岩瀑布奇觀，可以隨著石梯緩緩的奮力向上，最終的目標是站在雪竇寺西山，最高點「妙高臺」，登高望遠大山大水之際，心胸豁然開闊無際，想起布袋和尚的一首偈語：「我有一布袋，虛空無掛礙；打開遍十方，入時觀自在，一缽千家飯，孤身萬里遊……」

四川 大足石刻

青山仍在、綠水長流、紅山裡世世代代開鑿者的用心，
開掘出儒、釋、道各式各樣的淨土。
有的用手雕、有的用力塑、有的用心彩、也有的用意繪。
是宗教信仰、是自我還願，還是警戒人心向善，石窟中有敘述不盡的人間萬事。

一趟西南之旅，圓滿多年的心願。因為在「大足石刻」找到從地湧出的菩薩本尊。在尋尋覓覓中，變化的是時間無常，日升日落、潮來潮往，時間的軌跡，一直向前緩緩推進，對菩薩的印象不曾增減；不變的是，菩薩所發下的慈心悲願，生生世世永遠慈眼視眾生，如母憶子，守護芸芸眾生。

開鑿一個石窟，需要多少的耐心去執行、需要多少的恆心去研究，更重要的是一顆只為佛法興隆的菩提大心，日復日、年復年，汗水和淚水交織而成的作品。或許一代人無法立即完成開鑿，使命又傳承給下一代，有共識的，圓滿一個神聖的目

標，生命就這樣一直延續下去……

石窟的歷史深遠，底蘊深邃，凡今舉目所見所觸，無一不是古人的生命智慧，對佛法的感悟，融會在日常生活中，對大自然的載體，去創造巧思，開鑿運用。

三教結合的石窟藝術

四大石窟藝術寶庫，晚期最具代表性的就是「大足石刻」，它座落在四川省重慶市大足縣。石窟中的故事典型是儒、釋、道三教結合的造像群。

根據當地歷史記載，石刻創始人為宋蜀中名僧趙智鳳，建於南宋淳熙六年至淳佑九年（西元一一七九－一二四九年），歷時七十多年。明清以後，後人亦發心繼續開鑿，為大足石刻留下豐富的藝術創作，對當今研究宋代的政治經濟、宗教藝術、風俗民情、社會生活等，提供了大量生動的確切材料。

「大足石刻」利用當地特殊的紅砂岩作為最基本的雕

刻材料，今存有約五萬餘尊，共有四十餘處。其中以北山、寶頂山、南山、石篆山、石門山五處石窟最著名。故有「上朝峨嵋，下朝寶頂」之說。其中以寶頂山、北山兩處最為集中，規模宏大，雕刻藝術價值最高。

從門坊買票入園後，考驗即迎面而來。原來參觀的路線有兩個：一個是順時鐘方向走，另一個是逆時鐘方向而去。自己選擇了逆時鐘方向，是因為眾人皆走這個方向。

雖然一路上參觀的遊人很多，想要有個空間拍照，也是一門考驗耐心的功課。在眼下無盡彎曲的長廊裡，發現石窟上方有屋簷延伸，巧妙的讓石窟、景觀融合一體，渾然天成，沒有絲毫過多的匠氣，就像宋代的藝術風格，有簡約的手法、有時代的經典。

人間性格的佛像

「大足石刻」縱觀所布局的佛像，充滿著人間性格，描敘佛陀、菩薩、護法龍天的故事，讓遊人可以親近。佛像所在位置不高，佛手可讓遊人觸碰，彷佛在靠近的瞬間，讓眾生和佛陀零距離接觸，真正領悟佛法慈悲與智慧的精神價值。

延著長廊行走的途中，被一個跪著的背影所吸引，發現洞內菩薩造像，刻工考究，每尊菩薩形象莊嚴，面部表情各異。洞口上方，鑿有一天窗，讓光影射入窟內，使洞內神情自在的菩薩，隨著光影變化，顯得朦朧柔美，明暗相映。

該窟分三壁造像：正面刻三身佛坐像，左右臺上列坐文殊、普眼、彌勒、大勢至、淨業障、圓覺、普賢、金剛藏、清淨慧、辨音、普覺、賢善首等十二尊圓覺菩薩，各自以修行中的疑難問題，向佛陀請示佛法大義，饒益眾生。

向前走的路上，發現《華嚴三聖》是立像中最碩大的造形，開鑿者巧妙的利用自然地形設計規劃，三聖背面是石窟的主力支撐點，前方是三聖的正面，工法線條俐落柔美，靜中帶動，並以圓形坐佛作背景映襯，在視覺效果上有特殊連貫的效果，在整體布局上也堪稱一絕。

涅槃前最後的供養

在「大足石刻」裡，唯有一棟木屋，塑立一尊Cute版千手千眼觀世音菩薩。菩薩靈感度化眾生，在貼滿金箔的千手上，就是最好的證明。菩薩與人身齊高，席

地而坐。背後千手猶如孔雀開屏般從上、左、右三個方向伸出，每隻手都雕得纖美細柔，千手裡拿著各式各樣的法器，千姿百態，無一雷同。柔軟的千手，撫慰了眾生無明的火焰，息滅三毒煩惱。菩薩與千手的組合，在這個地方也變得有趣味性。

臥佛是「大足石刻」的代表作。臥佛雙目緊閉，神情安詳，是否在做最後的叮嚀囑咐？佛滅度後，弟子們應「以戒為師」作為最後的依歸。而從地湧出的尊者護法及持缽、持瓶、持蓮、持寶、持經菩薩依序一列排開，每尊菩薩手執各種供品，來為佛陀入滅做最虔誠的無上供養。菩薩的慈顏，千年來觸動了多少眾生的心靈深處。

菩薩們頭頂上華麗寶冠與宋代鳳眼，傳神至極，欲言又止，充滿著不捨。在走訪的行徑中，悄悄的發現，在臥佛足部最後端，有一尊

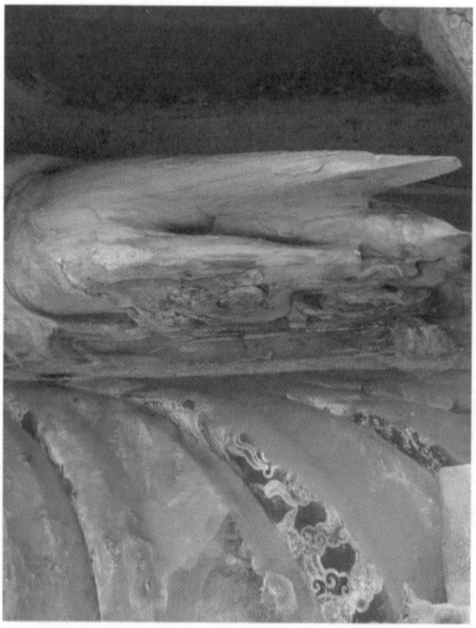

菩薩，面呈男相，手裡拿的如意寶劍，也算是另類的供品。似乎在比喻著佛教對於不同根器的芸芸眾生，除了正面慈悲的接引外，對於頑強難調難伏的眾生，也會給予力道的折服。

禮佛問訊後，順路而下的另一邊山體部分，呈現的是佛陀本生故事、十殿判宮、農村牧女餵食等各類的故事情節，結合儒、釋、道三教藝術的造像群，手法更為精細。

因為時間緊迫，快速參觀了寶頂山後，又上車趕往北山石窟，據說那裡是洞窟的藝術寶莊。因為知道北山石窟的人不多，所以人跡更為罕見。

千年淨土，文化見證

北山石窟年代久遠，風化的程度越見嚴重。除了加建屋頂及欄杆以作保護外，有幾位

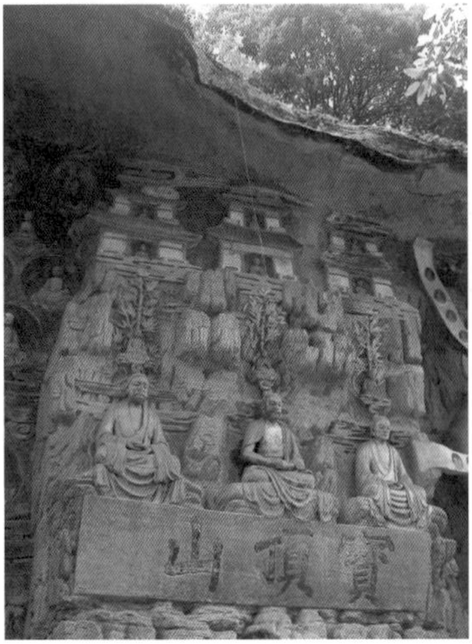

保安人員站崗鎮守，看見有法師來參觀，還會合掌稱阿彌陀佛，心情顯得特別高興。

北山石窟多為一窟連接一窟，石窟面積不大也不高。內容以佛教西方極樂世界經變故事為主軸，另有部分石窟佛像張顯密教，如孔雀明王窟便是。雖無連貫性，卻也不失其獨特創造的手法，足以詮釋開鑿者心中遙想的世界。

青山仍在、綠水長流，紅山裡世世代代開鑿者的用心，開掘出儒、釋、道各式各樣的淨土。有的用手雕、有的用力塑、有的用心彩、也有的用意繪。是宗教信仰、是自我還願，還是警戒人心向善，石窟中有敍述不盡的人間萬事。

時間是文化的見證者，歷史讓文化生息不斷。人們必須讀懂歷史的深度價值，同時看見時間的高度，民族的智慧才得以繼續傳承下去。

在步出北山時，遙見青山上有一石塔，從樹林中湧出，鑿石刻雕的聲音，依然在耳邊縈繞著……

地藏菩薩的無盡大願

九華山

在柔軟的合掌中，默默許下：
「但願眾生得離苦、不為自己求安樂」的大願。
依尋著地藏菩薩所留下的腳印，看見心中的力量殘缺不足，
如今大願所發，一定要彌堅如金剛心，永不退轉。

「九華」是「九花」，「九花」也是「九華」。第一眼看見九華山在藍天白雲間，九華重重山形，高低連迭不一，猶如一朵大型的蓮華花瓣，從地面湧出，出塵脫俗。

九華山群山的氣勢，含有北方雄偉渾厚的陽剛之美，又有南方的秀致靈氣，面對著滔滔的長江水東流而去，四季白雪夏露的變遷，豐富九華山的文化，使九華山擁有自己特有的文化底蘊。

除了佛教建築、道教文化、肉身菩薩、奇石，更有獨特的佛茶，清香中有著悠

久歷史風光，一品純粹的自然。參訪朝拜九華山的動線有很多，而天臺的動線是最高最遠，應該趁體力最豐沛的時候排在首選。其他的景點可再延續第二順位去參訪朝聖。

現今交通便利，讓朝聖者可以在短時間內抵達各景點。買票坐纜車到了天臺的半山頂，看見一座寺院在籌備建寺需要重新蓋瓦，一片瓦上可用白漆書寫兩個名字，就隨喜功德結個善緣，法師為了感謝大家的護持，現場立即拿起毛筆沾上白漆把名字題好。

這間寺院的特色，就是開門後可眺望一望無際的天界線，觀者的心情也為之開闊飛揚，消卻心中的狂熱。在旁的一條小巷裡，藏有一間不起眼的「古拜經臺」小廟。廟雖小，看見人來人往的，好不熱鬧，而且每位遊客進入前都要脫掉鞋子，站在一對石凹大腳印上，虔誠禮拜。

追隨菩薩的誓願

眾人的舉止引起我的好奇，經向旁人瞭解，那是地藏王菩薩為感化眾生所示現的神蹟。我也依樣畫葫蘆，有樣學樣，站在地藏王菩薩的大腳印上，可能陸續站的人太多了，雖然沒有感覺到腳印所滲透的陣陣冰涼，但在柔軟的合掌中，有著心暖如虹的感覺，默默許下：「但願眾生得離苦、不為自己求安樂」的大願。感動地藏王菩薩為度化剛強眾生所發下的大願，依尋著地藏菩薩所留下的腳印，看見心中的力量殘缺不足，如今大願所發，一定要彌堅如金剛心，永不退轉。

結束古拜經臺所發的大願，繼續徒步向上前進。群山之巔，峽谷陡峭其中，周遭鬱鬱蒼蒼的碧色，讓人沁入心脾。在峽谷上，經隨行的友人一指，有一隻意象微妙的千年大鵬石，似是心中有大願，依附在山巒之間，風雨無畏在聽經聞法，任他外境蕭蕭悲風凜冽，殘陽丹霞西落如血。大鵬石的現身說法，對所有的人間行者，都將是一種精進不懈的典範。

順著石階梯拾級而上，終於來到「天臺寺」，也是九華山地處最高的寺院。天

南無大願地藏王菩薩

臺寺位於海拔一三〇六公尺，又名地藏寺。相傳金地藏比丘曾居天臺寺「金仙洞」靜坐禪修多年。在旁守護的法師看見有遊客來訪，特別敲了大磬，磬聲縈繞在小山洞內，伴著信徒前後不斷禮拜的身影。而洞外遠山的景色，在層層的奇雲迷霧中，若隱若現。

下山後，有機會一品九華佛茶，佛茶自稱「妙有分二氣、靈山開九華」，為當年來自新羅的金地藏比丘所栽植。茶園今廣布於九華山海拔八百公尺左右的高山峽谷之中，取芝蘭精華以芬芳，吸佛山靈氣而質優，在無汙染、無公害的青山綠水下生長，是難得純天然的綠茶。修行人藉茶香以提神覺醒，以領悟無上禪機為要。

眾生度盡，方證菩提

第二天早上，我們一行人又開始另一座山頭的朝聖。相傳地藏菩薩靈感遍應十方，在這護國月身寶塔就供奉著地藏菩薩的金身。殿堂外圍有著拱月的迴廊，以建築的手法來呼應月身的特色，在光影變化中，生命的密碼彷彿進入光之徑的境界。

大批信眾們魚貫進入殿堂後，由法師們帶領著以順時鐘方向繞塔，口中地藏聖號悠揚不斷，信眾們個個心中安寧平靜，安詳自在的表情盡寫在臉上。在古樸斑駁的案桌上，信眾們虔誠獻上一盞盞的光明燈，燈光熠熠，如地藏菩薩的大願無盡，

誓力宏深，照耀著芸芸三世眾生。

「肉身菩薩」是九華山的修行特色。從生前對佛法深信的修持，到淬鍊的肉身不壞之圓滿成就。在九華山這濃厚的修行氛圍、特殊的地理環境薰修下，加上獨有的食用植物「黃精」的輔助，確實有人陸續辦到。在九華山的歷史文物館內，記錄在案的共有六位「肉身菩薩」的成就者，其他方外之士，就不知其正確的數字了。

為了來九華山朝拜地藏王菩薩的金身，自己也準備了九十九份供養，凡踏進寺院禮拜後，看到功德箱就放下一份供養，不具名字、也不奢求什麼功德福報，只是一份祝福的心意。在百歲宮結束最後一位肉身菩薩的參拜後，供養也圓滿了。

蔚藍的天空中，崇高的山門，猶如菩薩的行儀教化。菩薩的行持——錫杖鈴鐺清脆作響，驅逐無始以來煩惱的束縛；菩薩的宏願——明珠綻放熊熊的火焰，展顯本具自性的圓澈光明。菩薩累世所發無盡行願，已超越個人的利益得失，故俯首遨遊在天地之間護佑眾生。

地藏菩薩是諸菩薩中，惟一現出家相的菩薩，度化有情眾生。而眾生的起心動念，無不是業、無不是罪，是善是惡，逐境而生。為救護十方有情眾生，地藏菩薩更發廣大無盡誓言，眾生度盡，方證菩提！

九華山歷史文物館

千年菩提

千年古寺，在時光中洗禮，柔軟似水的佛教生命力，融入眾生的生命體
在歷代皇朝的起起落落之間，彷彿也是一種無常的示現
惟有佛教的生命力，是如此沉厚和寬容，契入每一位眾生的心靈

閩南古剎
廈門南普陀寺

廈門南普陀寺終於正式取下一甲子「售票處」，讓寺院從今以後可以免費入寺參觀。這無疑對佛教寺院是一種最高的尊崇，因為佛教寺院是一種非物質文化遺產，是大眾共有的精神資財。

我們一行人因公出差到廈門，特別抽空到閩南佛學院參訪，才發現原來廈門南普陀寺緊鄰閩南佛學院，如果不是有人作引導，不易發現中間一條小長廊，是彼此交流往來的通道。

在南普陀寺，如果你的心能夠靜得下來，你可以晝夜六時聽到海浪聲。廈門南普陀寺有莊嚴的殿堂、有清淨的僧人、有嘹亮的課誦；在有形的法器敲擊帶領下，就如蔚藍無際的大海，迎岸而來層層的浪潮回聲，時而迴旋於耳邊，又盈貫在無盡虛空之中，漂亮的沖擊出五彩絢麗的白色浪花。

最有趣的是，寺院後方有一座奇山，平地矗立而起，像是一幅自然天生的屏障，遠眺它，就像五位奇貌老者，結伴騎著朵朵白雲，神遊到南方岸邊，等待有緣人來訪。五山雖不高，然卻穩重厚實，在日月星辰變遷中，能自在、平靜的面對遼闊的海洋和千變萬化的器世間。五山更像一位寂靜的老禪者，如如不動的往內觀照，不再為外界五欲（財、色、名、食、睡）六塵所流轉，契機找回塵勞封閉已久的真心，應是此生此刻最重要的功課。

四年薰習，開啟生命真義

民初時期，閩南佛學院在一般佛教信徒心目中，是負有盛名的，因為它曾經孕育出很多當代佛教界傑出的長老們，如臺灣的印順導師、菲律賓的瑞今長老、新加坡的宏船長老和演培長老、大馬的竺摩長老和廣洽長老。這些長老們年輕的時候，曾經散布在世界各地長期弘揚佛法，漸漸建立起大眾對閩南佛學院的口碑。

如今，許多為法而來的後進學子們，都想一窺浩瀚的佛法大義，而自願發心到佛學院學習經典，希望經過四年的薰習養成後，也能自利利他，成為一代人天師範。如果你有因緣就讀佛教學院，那是開啟自己的心靈世界，以零距離和佛陀接心的時光；如果在你的一生中，有一千五百個日子，是能夠自覺、是清淨昇華的，那在這一期的生命過程中，應該會領悟到這一趟來到人間的使命感！

我們一行人從閩南佛學院走到南普陀寺的時候，已經是下午時分，剛好也是佛學院上晚課的時間，看見殿內排列整齊的法師們，都站在不到一百二十坪大的空間，還看見有些個子小的或是新來的，被迫站到殿堂最邊緣的角落，讓我覺得有點不可思議，這佛學院，人還真不少！識相的我，在殿外合掌問訊後，旋即離去。慶幸在常住知客法師的慈悲帶領下，我們一行人就開始參觀赫赫有名的南普陀寺。

佛門淨地，人性設計

南普陀寺建於唐朝末年，當時稱泗洲寺。宋治平年間（西元一〇六四—一〇六七年）改名為普照寺。明朝初年，寺院荒蕪，直到清朝康熙年間（西元一六六二—一七二二年）才得到重建。從此香火興盛，名僧輩出，成為規模宏大的閩南名剎。

南普陀寺屬於閩南風格的建築群體，殿堂以中軸線分布，佛學院和禪堂座落在西單，東單則有觀音閣和藏經樓。觀音閣是一座八角三重簷的建築物，內供奉四面千手千眼的菩薩，菩薩的威德，就像慈悲的陽光，無止盡的照耀芸芸眾生的所求所願。另外，建築物的柱子也巧妙的融入各家書法，做美化裝置。前殿的建築採自然通風不圍牆，在陣陣炎風炙熱的廈門，佛門淨地似乎更懂得貼近人性的設計。

據説，當年取名為「南普陀」是因為它在浙江省舟山市的南方，那是觀音菩薩的故鄉，但以菩薩的累世高度來説，地方上的稱呼以南或北，都不減菩薩度世的悲願。太虛大師在南普陀寺擔任住持時，曾揮墨題下「五老此留形，清淨為心皆補怛；普門無定相，慈悲濟物即觀音」，而橫批則有弘一大師，在南普陀遊化閉關時所題的「住大慈悲」，兩位大師的佛學修為境界，圓滿詮釋出觀音菩薩「千處祈求千處應」的廣大誓願。

隨著知客法師的導覽説明，我們一行人慢慢的走到南普陀寺的後山。後山有很多自然形成的奇石藝木，奇石大小不一，有的大如巨蛋，有的像是説不出名字的大型動物，在自然的生態裡與榕樹相互纏繞著，形成一幅天成的景色。也有某些書畫家在一些特大石頭上題上「佛」字，還漆上金色，以引人注目，那也是遊客們最喜歡觸碰和佇立拍照的地方。

參禪打坐，和自己內心對話

緩緩步行到山頂上，知客法師特別介紹一間「阿蘭若處」，此山居曾經是南普陀寺法師們的閉關處，細看房子四週都栽有綠色的竹子，自然形成一道屏障，在花草的間隔之中，構成有虛又有實的畫面。翠綠的竹子似溫儒的君子，居處有竹，文雅之儀，無需後天造作，就可自然生溢。

知客法師介紹我們瞧瞧弘一大師早年在此石井的牆上，曾題下「甘露井」三個字。此字之珍貴在於所知的人很少，今天瞻仰此墨寶實屬有幸，但是更讓我欽佩的是此井水多年都不乾涸，是因為修行有德之人，心量宏大光明，廣納眾善好緣，所以他所到之處，皆是吉祥福地也。

從後山沿著小山徑一路走來，發現山色寧靜，樹林盎然，蟲聲唧唧，讓人完全忘卻俗世的塵勞，四周倍感清涼自在。在迂迴的小山徑的牽引下，我們來到一棟八角形大禪堂，建築物共有三個樓層，外有迴廊連貫，外觀漆以土色的

禪堂

法性常

牆面和藏紅色的柱子，呈現出叢林最自然的本來面目。

禪堂是提供僧俗二眾在自己的心地下工夫、消化和內斂佛法的地方。參禪打坐的目的，不求自己立即能夠成佛作祖，因為我們明白凡對外境有所求，都是自己內心有不足的影射。參禪打坐是自己和內心對話，只望自己能在日常生活中，看得懂人間生、住、異、滅無常的變化，而能隨緣自在的優游人間萬事。

還記得星雲大師對禪的境界開示過：禪——有兩種，一種是禪堂裡專心打坐不問什麼；另外一種是自身處於千變萬化的紅塵俗世，卻又能制心一處，不為外境所動搖。對於有因緣到處行雲遊水的行者們，禪，又是什麼？禪，又不是什麼？提起正念，去參悟……

在二〇一一年三月分，廈門南普陀寺終於正式取下一甲子「售票處」，讓寺院從今以後可以免費入寺參觀。這無疑對佛教寺院是一種最高的尊崇，因為佛教寺院是一種非物質文化遺產，是大眾共有精神的資財，也是大眾提升自己，淨化心靈的地方。在炎炎的夏日，參訪南普陀寺和閩南佛學院一趟下來，外在的悶熱似乎無法影響任何情緒，心裡是祥和寧靜的，衷心祈望此閩南古剎再出佛門龍象，度化廣大有情眾生。

拜訪弘一大師杭州虎跑寺

人生於巔峰時下臺，讓自己完全歸零，沉潛在生命的最深處做能量的儲藏。假以時日，衝破外在舊有的枷鎖和內在的束縛，展現生命的韌力和張力。弘一大師的一生，莫過於此。

這一條小路的針松樹很多，松尖彷佛俯視著每一個路人的故事。有的故事很精彩，有的故事很平凡。縱然是平凡的故事，如果是生命過程中點滴的回憶，也顯得彌足珍貴了。

人，終歸喜歡親近大自然，走在石板上，心情是輕鬆愉悅的。迎面而來清新的空氣，充滿山中的靈氣，洗滌滿身的塵勞。緩緩走到盡頭，有一座放生池，池面中間有小橋可讓人佇立，享受陽光和植物的光合作用。池水清澈見底，在陽光溫煦的照耀下，波光蕩漾，一切彷似人間淨土。

拜訪弘一大師　杭州虎跑寺

來到這裡後，才會明白，天下叢林，為何一代高僧弘一大師獨鐘於此！一路走來，我儘量放輕腳步，也試著放鬆緊張的心情，因為，這裡曾是他出家修行的清淨地，雖然寺院的規模已不見當年的興隆景象，但也保存了江南建築獨特雅致的風格。

一股好奇牽引著我，好想看一看，弘一大師出家的日子是如何度過的？他在這裡如何精進研修佛法？他在這裡過得平靜嗎？我對這一切，充滿了無盡的幻想！

繁華落盡見真淳

過了前殿，在樹林中，東單有一幢兩層樓的房子，紅木匾上寫著是弘一大師的精舍。守衛看見我一個人在門外探頭望，就開口對我說：「法師，您可以進去看看。」我雙手合掌，小心翼翼的跨過這新舊不一的門檻，默默進到屬於他的空間。

知道弘一大師曾經在這裡生活過，一個人的日子，心裡應該過得很平靜，就像他寫的毛筆字，自然展現獨樹一格的字形，渾然天成。或許他也很自在，因為在那種苦難年代，他演過戲劇茶花女的角色，性格上的動靜綜合，他已完成克服。蒼白的天花板下，有一顆暈黃的燈泡，似乎照見他三十九歲時，經歷了繁華落盡而見真淳的人生，抉擇另一種生命的最高境界——出家修行。

生命的過程，最精彩的莫過於在人生最巔峰的時刻，狠狠給自己下臺，讓自己有機會完完全全歸零，沉潛在生命的最深處做能量的儲藏。假以時日，衝破外在舊有的枷鎖和內在的束縛，再次體會生命的韌力和張力，這種人生，有著嶄新的高度和豁達的深度。

結束書房的巡禮後，又回到中軸線上的建築物，在紀念館廣場上立著一塊雲紋大理石，後人寫著是弘一大師的紀念館。走進館內，豎立著一尊他的銅像，身形很瘦，就像一瓣蓮花落在水面上，很輕，但又有

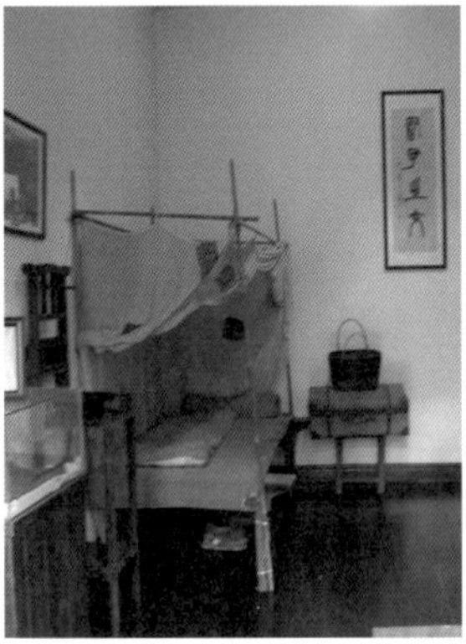

實體存在。

弘一大師生前的物品展示，圍繞在館內四周，讓人遊走在他的生命裡，和他曾經走過的文藝軌跡。

虎跑夢泉，天心月圓

在後面的茶室中，點了一壺龍井茶，因為水質好，入口感覺特別的甘淳順滑。相傳在唐代，虎跑寺開山祖師性空和尚雲遊到此打算落腳，卻因為取水不易準備放棄，當晚便夢見神仙告訴他說：南嶽有童子泉，要派兩隻老虎把泉脈移來這兒。性空和尚夢醒後，果然看見兩隻老虎以前爪刨地挖泉，這便是「虎跑夢泉」的由來。

據傳，虎跑寺（原稱大慈定慧禪寺）創建於唐元和十四年（西元八一九年），宋代曾改名法雲祖塔院，元代改建後恢復原名。宋代蘇東坡有一首寫虎跑泉的詩：「亭亭石塔東峰上，此老初來百神仰；虎移泉眼趁行腳，龍作浪花供撫掌。」一名詩流傳千古，更讓世人對虎跑泉水，感到神奇不已。

喝過了一直續杯的「龍虎茶」，茶味淡了，心卻定了。選擇從東單的側門出去，看見十八羅漢的石碑亭，亭後有一條上山的小徑，如果不注意可能不知道，原來後山別有洞天。若是一直拾階而上，有一四方石亭，可供遊人休息，而紀念弘一大師的石塔就在旁邊。

塔前的粉紅小花，好像知道有訪客來了，伴隨著清清的和風，很輕的飄落成一大片，迭次成滿地的花瓣。佇立在塔前，眼前的涼風，幽幽的花香，竹林的沙沙聲，聽見自然交響成名曲〈送別〉——「長亭外，古道邊，芳草碧連天……」

一趟虎跑寺之行，就像走進弘一大師的生命歷程，分享他如何抉擇、出家、修行、教化、示滅、圓滿。

附記：紀念弘一大師的石塔塔志由楊勝南撰著，謝慧生書於一九八〇年，其內文抄錄如下：

師諱演音，字弘一，號晚晴老人，浙江平湖李氏子，生於天津，學者稱為叔同先生者也。

父筱樓公，以進士官吏部。師幼而孤，岐嶷異常童。長，擅藝文、詩詞、書畫、金石、音律、戲曲，無不精絕。時清政不綱，外侮日亟，發為詩歌，眷懷祖國。

嘗負笈扶桑，既歸，先後膺天津工業專校、浙江第一師範、南京高等師範學校講席。及門多英雋，有聲于時。泰西繪事、音樂、戲劇之輸入中華，自師始。

初，師以斷食因緣歸心釋氏。一九一八年戊午七月十三日，禮西湖虎跑定慧寺了悟和尚剃染。九月，受具戒於靈隱，時年三十有九也。自是行頭陀行，粗衲芒屨，雲遊浙閩間。

暮年，息影南閩，居無定所；創養正院於廈門，樹育僧材。丁丑夏，應倓虛上人邀，宏律青島湛山寺。既又南旋，抗戰軍興。廈濱海，臨前方，師顏其堂曰「殉教」，賦詩明志。頃之，移錫泉州，潛心撰述，間以書法作佛事。

一九四二年壬午秋，示微疾；九月初四日，寂于溫陵養老院。安詳舍報，遺偈別其故友：一曰「君子之交，其淡如水；執象而求，咫尺千里」，又曰「問余何適，廓爾亡言；華枝春滿，天心月圓」。越七日，荼毗於承天，靈骨分塔泉州清源山暨杭之虎跑。

　拜訪弘一大師　杭州虎跑寺

千年古剎，六朝勝跡
南京棲霞古寺

棲霞古寺歷經四十餘位祖師大德駐錫辛勤的弘化，
在時光的洪流中，
穿越過陳、隋、唐、宋、元、明、清、民國多個朝代的洗禮。
柔軟似水的佛教生命力，融入眾生的生命體。

如果有機會在秋季去南京市，你會發現秋後的棲霞後山，地緣遼闊，樹林茂盛，路徑深幽，叢叢楓葉已開始變紅了！四季依序嬗遞，似乎告訴辛勤的人們，秋天是豐收的季節。

每天清晨，天色剛揭開一天的帷幕，陸續可以看見來山慢跑的群眾，在享受沁人心脾的朝氣。大家在慢跑中自動放慢腳步，深怕聲音太大，打擾了這叢林間的靜謐。

在連峰的山林中，有新建築物和紅亭，錯落有致點綴其中，湖光蕩漾，落葉倒影，彼此相映成趣。除了可供遊人佇立休息，也讓罕跡的山林，多了遊人的蹤影。

人與自然，本是一體，懂得相互尊重，才能彼此共生和諧。

棲霞古寺，六朝勝跡

沿著馬路，走到盡頭，是山頂的最高處。如果幸運的話，遇到天氣晴朗，在無

雲霧的情況下，站在視野開放的木製瞭望臺，遙看滔滔長江上，有往來如梭的貨輪川流不息，扮演著推動新經濟的角色。

繞完後山，原路回到前殿，開始正式進入寺院的範圍。走過寬廣觀音放生池，來到前殿門口，多年的土黃色，因供奉「佛頂骨舍利」的因緣，也重新漆上藏紅色，在青山綠水廣闊的林間顯得分外醒目。建築物牆面上塑有「棲霞古寺」，左右各有「六朝勝跡」、「千佛名藍」題字，彰顯著棲霞山的歷史底蘊。

打開塵封已久的棲霞古寺法統，據載棲霞古寺始於南齊明僧紹舍宅為寺，由法度禪師住持，歷經四十餘位祖師大德駐錫弘化，在時光的洪流中，穿越過陳、隋、唐、宋、元、明、清、民國多個不同的朝代洗禮。而柔軟似水的佛教生命力，則融入眾生的生命體，在生生世世、代代相續之下，開創全新本土化的佛教，如今「三論」菩提花果處處開。

越過了前殿，經過兩棵大銀杏樹，深秋的晨光裡，金黃落葉遍地，在旭日的照耀下，熠熠金光，猶如黃金鋪地。在緩慢行進中，靜下心來，赫然發現，原來重疊落葉是這樣的有趣；葉與葉之間，雖有重疊一起，卻因有空隙，所以不會傷害彼此。人與人的相處，是否也應該保持彼此的獨處空間？個人獨處空間越優質，與大眾相處時，回饋出來才會越有品質。

僧伽人才的搖籃

進入大殿內，主尊供奉的是毘盧遮那佛，梵王、帝釋侍立在左右，另有二十位帝釋諸天分別安置在兩側，後側是精雕的南海觀音，有卅三尊化身陪襯。殿內高度近十六公尺，寺院巧妙的設有高窗採光，殿內一幅幅從天垂下、繡工精細的幢幡，以無窮的光影變化，顯示佛的圓滿境界有法身、報身與千百億化身，在不同的時空因緣裡，度化有禪心的遊人。

大殿東單是一九八二年開辦的中國佛教學院棲霞分院，乃僧伽人才的搖籃，面積雖不大，但教學設備齊全，期許未來優秀的僧伽，發大宏願，志氣高如昊天，能為佛教培養出「有用」的人材，大做弘法度眾、廣利有情的佛教事業，也是對佛教學院殷殷的期許。

向前跨過一只斑駁的木扇，迎面而來的是一座千年古塔。古塔建於隋代，由隋文帝命天下八十三州建仁壽舍利塔，棲霞古塔便是其中一座。

古塔為八角五級，高約十五公尺，塔基每邊長五公尺，須彌座刻有釋迦八相成道圖，即自兜率天宮下降母胎圖、受生圖、受樂圖、求道圖、苦行圖、成道圖、說法圖、涅槃圖，顯示兩千五百年前，在古印度有一位喬達摩悉達多王子，發心立願，由人身修至成圓滿覺悟的佛陀，體現出佛教真實的人間性格。

古塔第一層，正面和背面作戶形，但雙門緊閉，門上刻銅釘獸環雕有四大金剛、東文殊、西普賢。古塔第二層以上塔身是五級密簷式的塔形，上下簷間距離雖短，其間還有陽雕手法，細刻小古佛，基座有蓮花，並以古樸簡約的花紋襯托古佛，以示尊貴。

千年歷史文物不衰

據說，當年為了讓古塔免於戰爭破壞，寺內的老少僧人，用盡全力，以寺內所有的豆子和乾糧將古塔堆積遮掩起來，讓古塔順利逃過浩劫。雖歷經千年，無情的風雨侵蝕，古塔仍屹立，巍然不動，為的就是讓後人有因緣一睹歷史的真實面目。佇立在千年文物的前面，歷史所綻放的生命力，就像旭日陽光，重放光彩，觸動人們的心靈深處。

經過古塔，走在石板小徑上，就來到棲霞後山。千佛岩有「江南雲崗」之美譽，由劉宋明帝的年代開始發起開鑿佛像，所以千佛岩比起山西省大同市「雲岡石窟」早了近十七年。雲岡佛像開鑿的風格，帶有濃厚犍陀羅及笈多王朝的色彩，而千佛岩的佛像則有宋代風格，以極簡流利的線條作為特徵。

岩壁前鐫刻著宋朝游九言書寫的正楷大字「千佛岩棲霞山」。西壁無量殿是修建最大的佛龕。龕中的無量壽佛，身連座有十三公尺高，分侍兩側的觀音、大勢至菩薩，整體佛像雕塑線條流暢，布局結體勻稱。

千佛岩所組成的佛像，有一、二尊一龕，或三、五尊一窟，或十來尊一室，大至數米，小僅尺許。累朝歷代的創意心血，讓千佛岩集各朝代的藝術、文化、歷

史、建築、景觀，融合為多元化戶外創作的藝術個體，其生命力的深度，跨越時空的隧道，橫出以古鑑今的架勢，樹立弘揚佛教文化的使命。

在叢林山丘之間，沉默滄桑的石窟，敍述著曾經燦爛輝煌的佛教歷史，而昔日雕刻的行者們，也隨著時間的巨河生死流轉，在流逝的歲月中，留下無價的佛教藝術瑰寶。如今，只有枯黃的落葉為伴。在時序春去冬來、日升日落之間，惟佛陀慈悲的容顏，一如當年東傳西來！

天下第一戒壇
句容寶華山隆昌寺

佛光山開山星雲大師對戒律有新的詮釋：受戒是「以不侵犯他人」為最高精神指標，受戒就是守法。此詮釋讓社會大眾對受戒的好處有更高的接受度。

佛教戒律，是延續正法的基石，佛光山開山星雲大師對戒律有新的詮釋：受戒是「以不侵犯他人」為最高精神指標，受戒就是守法。此詮釋讓社會大眾對受戒的好處有更高的接受度。

戒律，是當年佛陀隨緣制戒的具體規範。佛陀為維持僧團的紀律，讓佛法能久住世間，針對僧團中出現的種種不當行為，制定出若干戒律，並囑咐涅槃後，弟子們要「以戒為

師」。故有：「毗尼久住、正法永昌之期許。」

如有在家佛教徒發心受戒，納受清淨戒體，讓受戒以後，身心規範，生活正常。受戒的利益，就如守法，小至有益個人身心靈，大至促成家庭和睦、社會和諧，乃至國家和平發展。

出家修行人，要受三壇大戒後，方是正式的出家人。受三壇大戒需要有道場戒壇、三尊（教授、羯摩、得戒）七證等諸多條件。由初壇正授——沙彌、沙彌尼戒，二壇正授——比丘、比丘尼戒，三壇正授——菩薩戒。故有流傳一句：跪沙彌、打比丘、火燒菩薩頭，聽起來雖有點恐怖嚇人，但又極其傳神到味。

授戒道場除了硬體條件具有規模外，軟體條件如寺院住持法師歷代傳承，重視戒法的大力弘揚，方能知名天下，吸引前來乞受大戒的僧人，方能受戒圓滿。受戒是為培養思想健全、威儀具足的優秀僧伽，以度化廣大有情眾生，令人心向善，淨化心靈，以光大正信佛教，示教利喜。

天下第一戒壇

句容寶華山隆昌寺，一千五百年來，傳授七十餘期三壇大戒。而受大戒之僧人，如今走遍大江南北遊化度眾，據說如有戒子到外參學，要到叢林寺院掛一單，口頭報上自己曾在寶華山受大戒，並擁有一張戒牒，定會受到各大寺院熱烈的歡迎，就形同畢業於佛教界的北大清華一樣頂戴著無上榮譽。

句容寶華山隆昌寺，原為禪宗道場，齊梁年間，寶誌禪師曾在此弘法；明嘉靖年間，由普照禪師復建寶華庵；明神宗萬曆年間，由妙峰法師主持道場，敕建銅殿，並賜匾額。寶華山改禪為律，是在崇禎十二年（西元一六三九年）。

寶華山隆昌寺，千百年來因以弘揚律宗為方向，故在整體建築布局上異於一般傳統叢林寺院，寺院坐南朝北，整體連貫周密，行人皆在迴廊下活動，不畏高陽或是雨水的襲人。另外，山門在設計上有意偏小，如有體格碩大者進出時，有可能會卡住門口。山門上方，前有御賜的匾額「護國聖化隆昌寺」以威震十方，後有「眾山點頭」以示千華律派祖源。

光明與黑暗的考驗

進入山門後，是一條露天的走道，不寬。左邊是齋堂、後方是四合院的戒壇，而右邊是韋馱殿和三聖殿，並以四合院迴廊連貫至後方的大雄寶殿和藏經樓與方丈室。後山有銅殿、無梁殿，結構獨特，建於明萬曆卅三年，為江蘇省省級保護文物。

大雄寶殿內所供奉的大佛，法相清淨莊嚴，攝受人心，見者無不頂禮膜拜，虔誠發願，一如親見佛陀本尊。大佛高有五點二四公尺，襯以木製背光，基座有蓮花為底，據說是香港大嶼山天壇大佛的本尊。

佛陀化身千百億，功德巍巍，《華嚴經》中云：「剎塵心念可數知，大海中水

可飲盡，虛空可量風可繫，無能說盡佛功德。」佛陀左手「無畏印」、右手「予願印」，手中刻有金輪圖，以表正法得以永傳人間。

在大雄寶殿前面的廊道，是走向四合院戒壇的通道。前段是石牆鑄造，顯得又長又暗。拱門為中段，偶有光影，透進以直角照射在通道上，形成一幅變化無常，如幻的畫面。而後段則是階梯拾級而上。一條通道，有三種視覺效果，讓虛幻與真實之間模糊了距離。

通道，就像一條漫長的生命考場，生命有起起伏伏，有光明也有黑暗。如遇到生命中低潮期時，自己要懂得謙虛，收斂身心、沉潛心志、淨化三業，以衝破內在無明煩惱的束縛，提升生命的境界，方能體會豁達無礙、自在的真諦。

偶爾有陽光，一如在告訴行者：「你的默默耕耘付出，上天在看；如果你的因緣成熟，自然會給予你一份禮物，雖然禮物無聲無息的來臨，但叫人感動的是，生命因緣的微妙！可謂因果不負人也！」

為了心中歡喜，要拍下這張照片，唯有先讓遊人先後穿行，而自己前前後後，佇足在冷暗通道上，有近二十分鐘之久。等待光影再現時，即時按下快門拍下。真是傻人做事，沒有伎倆、也沒心機，就憑一股傻勁！

走過了通道小徑，來到一條四合院的迴廊，據說戒壇就在院子裡面。戒壇，是出家人在受菩薩戒前，需要登大壇向三尊七證求受大戒，以表納受正法戒體。

戒律是正法的基石

「天下第一戒壇」材料為石灰大理石，質樸無華，表面有雕刻精美的紋理圖案，並襯以大小波浪高低連續，以寓正法能弘揚傳承，更顯其神聖莊嚴。相傳戒壇的前身是木製的，歷經歲月戰火無情的更迭，已有多次毀壞重建，今是大理石製，相信必可再流傳千年。

如同文中一開始所敍述，星雲大師對戒律「以不侵犯他人」為最高精神指標的新詮釋，佛門中的戒律，就彷彿是人間的一股泓溪清流，洗滌眾生的三業煩惱，方能享有清涼自在，優游人生法海。

弘揚正法，福佑眾生

貴陽弘福寺

赤松和尚立足西南黔靈，打開另一個佛教的新格局，他大振臨濟禪法，大揚棒喝齊施，行門上立志宣導禪淨雙修，以重建僧團修持的實踐；解門上融合儒釋道學，讓當地少數民族也能有因緣契入佛理。

在大陸境內，要找到一處冬無嚴寒、夏無酷暑的地方，就非貴州莫屬了。貴州的地理位置，北有重慶、左有雲南、右有湖南、南有廣西。貴州也是多民族的區域，計有漢族、苗族、黎族、水族、白族、布依族、土家族等少數民族。在唐宋朝時期，貴州稱「矩州」，元朝建城，至明朝方稱為「貴陽」。

而我有因緣到貴陽市弘福寺，緣起於參加第十六屆新任住持心照和尚晉山儀式。在臨濟禪宗道場裡，凡新任住持晉山都會廣邀教界友寺住持、各界社會團體來一同見證儀式，也是彼此相互認識和交流的機會。

十方叢林，貴州首剎

弘福寺座落在貴陽市西北的黔靈山上，屬於黔靈公園中心，山高有一三九六公尺，距離市中心約一點五公里。體力好的人，可以徒步登上盤山古道，全徑有三八三個臺階，沿路可以欣賞「古佛洞」、「正法眼藏」等摩崖石刻。獨自登山的人不會感覺孤單，因為這條山徑有很多登山客，正當你走得氣喘如牛時，不妨試著放慢腳步，心情也會輕鬆下來。

來到弘福寺的頭山門，已看見排列成半月形的椅子，應該是為拍攝團體照而準備的。牌樓最上方「弘福寺」三個字，是由已故中國佛教會會長趙樸老所撰寫，字圓氣正，為頭山門最亮眼的焦點。山門深鎖，彷

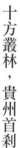

佛等著恭迎新任住持隊伍的來臨才會開啟。隨著知客法師的帶領下，自己就開始聞聲遙想，漸漸走入開山弘福寺當年的情境。

弘福寺的歷史至今有三百多年，是十方叢林，早年稱為「宏福寺」。在走進山門後，發現弘福寺的整體建築呈現出朱牆碧瓦的色系，有別於一般的叢林道場。屋簷上更有多元的造形效果，有的是寶塔、有的是祥龍，也有的是鳳凰的裝飾，而彩繪鮮豔的梁柱，結合少數民族的色彩，真令人大開眼界。但中軸線上的布局還是以前殿、中殿、大殿為主幹。只有部分殿堂的布置格局屬於開放式的，供奉的佛像則巧妙的以玻璃框上，以防潮氣侵蝕彩繪的佛像。

赤松和尚行跡

弘福寺的開山祖師赤松和尚，俗姓韓，法名道領，赤松乃其字。他生於明崇禎七年，祖先自浙江遷至湖南

再徙四川，明末隨著父親逃避戰亂而來到貴州。六歲時喪父，家道開始中落，由母及兄長撫養，八歲時過繼給杜氏夫婦做養子。

赤松和尚於十五歲那年出走至深山，結茅為庵，修習苦行，過著草衣木食的日子。一心一意尋師訪道，精進參禪見性，甚至閉關修行。經過養深積厚的禪法和紮實的佛學基礎，法筵大開，以至貴州的督、撫、司皆親臨聽法，一時傳為當地佳話。

時至清康熙十一年，赤松和尚行腳遊盡貴陽境內，只見黔靈山上有青翠松竹茂密，山仞萬峰，層層環繞，中心有一處平地，地靈人傑，是理想的供佛道場，於是立志發心建寺，廣度有情眾生。

在大眾的發心護持下，弘福寺的規模才慢慢成形，並依照傳統佛教叢林的制度，設兩序、立清規、續法脈、傳戒會、納廣單的正法弘揚，至清康熙四十年，弘福寺榮升為貴州首剎。

赤松和尚立足西南黔靈，打開另一個佛教的新格局，他大振臨濟禪法，大揚棒喝齊施，行門上立志宣導禪淨雙修，以重建僧團修持的實踐；解門上融合儒釋道學，讓當地少數民族也能有因緣契入佛理。

巡山禮聖後，在客堂上與住持心照和尚暢談，我呈上佛光山贈送給弘福寺的「人間佛教系列」叢書，這是星雲大師的著作，送給新任住持做賀禮：「恭喜大和尚陞座，廿一世紀是宏揚『人間佛教』的大好時機，這套書非常實用，希望能夠給大和尚在弘法上加分。」大和尚對人間佛教的尊崇和景仰，從他對這套書的喜愛可以感受得到。

正法為眾生而有

典禮結束後，與會大眾旋即離去，我選擇獨自一個人徒步在此古剎，不知不覺走到後山的「塔林」，發現塔身的造型各異，塔與樹林齊高，形成自然的綠蔭，小徑上鋪滿了碎石礫，讓人漫步其中，倍感清涼舒適。

歷代祖師立志發願在這裡弘揚正法，讓我想起家師曾說：「一位真正的人間禪者，應該要頭頂著天空，雙腳務實踏踩在大地，眼睛看著苦難的地方，心裡立下無盡的大願。」原來正法不是只在莊嚴的寺院道場裡，或是三藏十二部的浩瀚經典，應該是在芸芸眾生渴望有佛法教化的地方！踏在赤松和尚艱辛闢開的古徑上，我踏著堅定有勁的步伐，沿著山路下山。

赤松道場

千年古剎傳奇
北京潭柘寺

在累朝歷代皇朝的起起落落之間，彷彿也是一種無常的示現，惟有佛教的生命力，是如此沉厚和寬容，完全融入在這片土地上，契入每一位眾生的心靈，然佛教本源都不離三寶具足，方能讓正法住世，潤澤群心。

北京是一個非常吸引人的城市，享有自個兒獨持的文化、人物、風俗、人情、建築等，其中還滲透一股奇特的霸氣氛圍，讓人們不經意走進來時，在不知不覺中被駕馭了，就像磁鐵一樣，被它吸引了，就黏上了！

我喜歡北京，喜歡這個古老的幽都有著沉甸甸的歷史故事，有道不盡的傳奇神話；而它特殊的文化背景，讓人有知也知不完的新鮮事。

北京，歷來是帝王之都，而寺院的興隆與否也和皇朝天子的執政方向，有著密不可分的關係……。累朝歷代皇朝的起起落落也是一種無常的示現，惟有佛教的生

命力，是如此沉厚和寬容，完全融入在這片土地上，契入每一位眾生的心靈，然佛教本源都不離三寶具足，方能讓正法住世，潤澤群心。

其實，在北京城內雖說有許多的文化重點，但是在北京的西郊外，有一座千年寺院——潭柘寺，據說比北京開城更早。我們一行人有意前往朝拜，只見越往郊外去，雨下得越大。

情與無情，同圓種智

直到車子到了停車場，人還未下車，大夥兒就被一株長得很有「個性」的松樹給吸引了。這株松樹的枝椏俯垂得很低，雖與人同高，但又不阻礙行人在石板路上經過；特別在剛下過小雨後，滯留在纖細的針葉上，晶瑩透澈的小雨露，彷彿沁透著千古久遠以來的空靈，期待再來人間，巧遇故人的一份驚喜，原來彼此不曾被時光遺忘。

一行人在陣陣驚訝聲和照相機的快速喀嚓聲中，不知不覺中已來到方丈室門口。只見住持和尚在門口歡送一群學者，似乎才剛結束討論如何發展寺院的未來。

住持和尚看見我們一行外來的訪客，大方的引導著到室內用茶，知道我們來自寶島臺灣，特別帶大家巡禮寺院，瞭解潭柘寺的歷史源淵。

一行人以逆時鐘的方向開始參觀，住持和尚先介紹門口前的「一對樹」，為什麼是一對呢？因為它倆雖是分開種植，但是人站在「一對樹」的中間，打開雙手呈大字形，再慢慢把心靜下來，可以感覺到微微的能量在交流互動，彷彿印證大懺悔的文句「情與無情，同圓種智」，原來山河大地中，皆是如來應化身，只看自己有多少的領悟力，去參解個中原由！

天子的流杯亭

沿路向前有座「流杯亭」，按古代的皇家傳統而建，據說古代天子在此休息喝茶時，為了提醒自己貴為天子，是龍的化身，所以巧妙的以曲折的水槽化為虎首以顯對比，但是南面則以龍頭降伏，告訴君臣們坐在亭子內的是天子。

我左看右看，前看後看，原來有地位的人，想要在外頭簡單的喝一杯茶，還需要細細瞻前顧後一番，唯恐外場有不周到的細節，即有失身分和地位。

大雄寶殿剛好在整修中，只能看看建築外觀，藏紅色的建築，鮮豔的斗拱彩繪，似乎告訴人們此是最神聖莊嚴的地方。沿著小石板路拾級而上，有一座元、明時期所建的白色覆缽古塔，塔身年久呈現斑駁，四周布滿青苔。據傳，塔內藏有當年不為人知的「祕密」，既然是「祕密」即是不可說也！住持和尚望著充滿好奇心的我們，也暫時賣個「無言」的關子。

讓大家覺得更有趣的是，在古塔旁邊有一顆小柘樹，不知為何因緣，樹身雖然瘦直，但樹高直至屋頂，椏枝自然圍繞著古塔，樹端露出如神鳳的喙形，在塔身若即若離之中，整體氣勢居空臨下，形成一幅「鳳凰護塔」的奇特景色。此行遇上如此難得的奇景，在有限的人間言語中，似乎已無法表達此地有不可思議的人間一絕。

虔誠的石磚足印

看過「鳳凰護塔」奇特的景色，一行人徒步再前進來到觀音殿，相傳此是元世祖忽必烈的女兒妙嚴公主，因有感父王殺戮眾生無數，天生善良的她，每日虔誠為父王懺悔業障，在日復一日，年復一年的歲月挪移中，那份為親情的動力，終於感動了天地，才能看見石磚上站出一對腳印，那是印證「精誠所至，金石為開」的不朽神話，也是孝感動天的美麗故事。

或許妙嚴公主從來不讓父王知道，每天自己精進在觀音菩薩前所做的跪拜、所諷誦的經典、所祈求的心聲！那是一種不為自己的慈悲大願力，那是一種絕對無我的精神，才能每日堅持到底。

妙嚴公主的誠心，讓我感悟到，一個有能力又願意付出的人，就不會要求對方給予回報，因為在他的認知中這是應該得做的，這是自然的，無須別人的提醒或是指示。其實在因緣果報的循環下，無所求的付出，上天必定會回饋，就如《普門品》中一句非常經典的話：「功不唐捐」。

巡禮潭柘寺後，大家順著層層的階梯回到中庭的「帝王樹」。據說此千年銀杏樹在這吸收天地的靈氣，就像一位活靈活現千年老大人，樹身高度約有四個樓層高，樹身的寬度十個大漢也抱不了，枝葉的茂盛度也異於一般樹，彷彿此樹是潭柘寺連接天上的雲梯。傳說只要此樹的椏枝自動分裂掉下地面，就預兆未來的日子將會有重要的大事發生。

在潭柘寺的山上，還有很多超出人類想像的故事，如後山的「神龍讓潭」等神奇又有趣的故事。如果一次看不完，表示還要再來親近第二次、第三次、甚至第十次、百次。千年寺院所發生的故事雖然久遠，故事背後所蘊藏的精神涵義，遠遠超過故事的本身。

山水．佛偈．古剎

鎮江金山寺

鎮江金山寺，最廣為人知的便是法海和尚和白蛇娘娘的鬥法，掀起長江之水淹漫金山寺。原是「假」的故事，經過世人紛紛的傳說，漸漸也會變成「真」的。

駕車的師傅用手按鈕，車窗緩緩降下，遙指著遠處的寶塔說：「那邊就是著名的金山寺，但是天黑了，時間也不早了，我們在車上看看就好了！」

旅途困頓的我，一聽是赫赫有名的金山寺，馬上精神為之一振，那肯就此甘休！帶著軟硬兼施的口氣：「師傅，我看待會兒就住在附近吧，明早一定要來！」雖然師傅百般的推搪，但我重複鏗鏘說著：明早一定要來！最後，師傅只好默默被「和諧」了。

堅持留下來，因為心中盤念著金山寺美麗的傳說，有梁武帝修建水陸法會的因

緣、有法海和尚大戰白蛇娘娘、有清康熙帝賜名石碑等，每一個朝代都寫下篇篇精彩動人的故事，神奇的魅力似乎瀰漫在寺院的每一個角落，一直在等待有心人前來聆聽。

江天一色古禪寺

金山寺始建於東晉元帝大興年間（約西元三二〇年），原名澤心寺，是漢傳佛教禪宗四大名寺之首刹。在唐代通稱金山寺，宋代天禧年間，因皇帝夢見金山寺而賜名「龍遊寺」，清朝康熙南巡江南時，又賜名江天禪寺。相傳鼎盛時期，常住在寺院的僧人有三千餘人。

金山寺位於鎮江（古稱潤州）市區西北約二公里，海拔有四十三點七公尺，佔地面積有十公頃。金山寺原是屹立在長江中的一座島嶼，物換星移，當年的水上風光也演變成了今日陸地上的勝境。金山寺的最大特色是「裹山」，有著「見寺、見塔、不見山」的特殊建築風貌而馳名海內外。

大陸的寺院對來參訪的法師給予免費參觀，而陪同的師傅只好趕緊到西單的售票亭，自個兒花四十元去買票入園。我們佇立在鏽石的山門下，看著木額上有藍底金字「江天禪寺」四個大字，流露著一股江南的秀氣典雅，就開始進入山門。山門後天王殿是一座單簷歇山的宮殿式建築，當中供奉彌勒菩薩，兩側是四大天王。天王殿後是重簷歇山巍峨壯觀的大雄寶殿，氣勢恢宏而莊嚴，建築彩繪工整鮮豔而不流俗。大雄寶殿有著前二後四的圓窗，窗櫺乃檀香木雕，山水人物雕得栩栩如生，講述與金山寺有關的歷史人物故事。

梁武帝啟建水陸法會

根據《釋門正統》記載，梁武帝蕭衍深夜夢見神僧告知：「六道四生，受苦無量，為何不做水陸大齋，以普施群靈受益！」

梁武帝驚醒後，以國師寶誌禪師為首，集合寺內僧人早晚披覽三藏十二部經典，經過悠悠三年歲月的結集，終於撰成水陸儀文，隨即在金山寺依儀修設水陸大法會。據聞梁武帝在三寶座前，對佛批宣：「若儀軌契合聖凡，一拜起時，燈燭不點自明；二拜，宮殿震動；三拜，天空飄下綿綿花雨。」結果三項事情皆應驗，這是水陸大法會在金山寺的肇始因緣。

從大殿後側，循著西單拾階梯登山進入夕照閣，閣內保存著七塊乾隆皇帝的御碑，再由夕照閣上行至觀音閣，內有四寶室，陳列著金山寺的鎮山四寶——周鼎、諸葛銅鼓、東坡玉帶和文徵明繪金山圖。文物擺設隔著玻璃，像是穿上歷史的禮服，讓人細細參解祖師一段西來意。參訪金山寺腳力真的要好，因為這裡無論是往上還是往下走，都是以樓梯做連接和貫通。

來到法海洞，看守員見有法師來，立即把收音機的音量關小了。看守員深怕我不知道個中緣由，指著洞窟內的石雕像說：「那位就是法海和尚。」

說到法海和尚大戰白蛇精，天下無人不曉。白蛇娘娘為了救出丈夫許仙而使盡法術，請來海中的蝦兵蟹將助陣，掀起長江之水圍漫金山寺。百年來，世人莫不被白蛇震天撼地的愛情所感動。

但是，神話傳說把佛門大師描繪成多管凡間事，似乎沒有人真正去探尋究竟。時間久了，法海大師蒙受的不白之冤就更難洗刷。原是「假」的故事，經過世人的傳說，大家以訛傳訛，時間一久，漸漸也會變成「真」的。而「真」相也會慢慢變成「假」的東西，因為知道「真」相的人並不多了。

法海本是開山裴祖

法海大師俗姓裴，是唐宣宗宰相裴休之子。他初來金山時，寺廟傾毀，雜草叢生，半山崖有一條白蟒蛇經常出來傷人，百姓不敢上山燒香。法海大師勇敢的與白蟒鬥法，將白蟒趕入江裡。後來他立志修復古剎，發心燃指一節供佛立誓，他的大願感動了僧徒和信徒，在大家的護持下，金山寺才得以復興香火。因此法海大師被稱為

「開山裴祖」。他圓寂後，弟子們在他坐的石洞裡雕塑這尊石像紀念他。事實和神話傳說有很大的出入。

走出法海洞後，可登上慈壽塔。此塔初建於齊梁，距今已一千四百餘年。金山寺過去曾有雙塔，已廢一塔，現存此塔是清光緒二十六年（西元一九〇〇年）重建。塔身雖為木結構，但有七層高，塔內有木製小樓梯可上下，周邊每層均圍以走廊和護欄。體力不錯的遊客都是選擇登高而上，可觀賞金山寺整體的建築布局。拾級往北登去，可至金山寺的頂峰「留雲亭」。一塔一亭相映成趣，亭內有康熙帝御筆「江天一覽」石碑。根據師傅說此石碑的因緣，康熙帝於一六八七年秋天登臨金山寺巔峰上，遠望觀其上連接蒼天，下連滔滔長江而波光粼粼，自然景色渾然天成，不假人工，故賜名。

還記得在揚州曾經接待過一位書畫家，大家一起用過餐後，他突然畫興大起，立即備妥紙墨伺候。他作畫的速度有如神助，揮灑自如，我好奇的發現大畫中，有三座小山浮在江上，山上有寺，最後畫家題上：「金山焦山平山堂，眾僧遙讀華嚴經」。

經畫家說明，在唐宋年間，三個山頭各據一方，在來來往往的舟楫上，有的是佛教高僧大德、有的是民間文人雅士，大家一起吟詩、作偈、唱誦，眾人的靈感猶如江水不絕，綿延著東方文化的智慧。

東瀛參學

只有暫時離開熟悉的地方，再重新回來，才知道如何在原點上，重新開始
然而趕路中的你，是否聽得到沿途的風聲水聲？是否看得見周圍的古松奇石？
山川異域，日月同天，寄諸佛子，共結來緣

清水寺／三十三間堂／永觀堂

人，只有暫時離開熟悉已久的地方，
再重新回來，
才知道如何在原點上，去創新！去蛻變！
這才是雲遊的意義。

我到日本的參學計劃，原先是想參加某大學舉辦到日本的參訪團，這樣可以省去自己打點食宿和景點的安排，最後卻因參訪團報名參加人數不足，而無法成行。我只好乖乖打開地圖，好好研究日本國的東南西北，在這過程中自己閱讀很多介紹景點的旅冊，也有很多好心人給我某美術館的門票，建議我應該去些什麼地方？自己又要如何去？甚至可以找認識的友人親自為我帶路……然而紙上談兵是輕而易舉之事，而我自己又似懂非懂。最後，我因為生怕給人添麻煩，於是當機立斷，決定一個人自由行，這應該就了無牽掛了吧！

行者無國界，當下結緣即圓滿

一早從高雄直飛到日本大阪已經是下午了，有沒有吃午餐已經不重要了，抵達道場，一葉知秋，看見很大的銀杏葉落在道場門前斑駁凹凸的柏油路上，金黃的潤色葉子在灰黑的背景襯托下，特別顯眼。銀杏葉子似乎透露著濃厚北國秋意，四季輪轉，又是到了豐收的季節，前面的努力付出，該是上天賞賜禮物的時候了。

有人笑我，「你過去結的都是大陸的緣分，這次去日本參學，應該沒有緣分回報你！」我俏皮的回應這位師兄，在一位法行者眼裡，看到的都是芸芸眾生，心裡無國界地域之分，在與對方結緣當下，即是圓滿，從來不曾要求對方回報！

又有師兄問我說，「出家人為什

麼要去雲遊？」我回答：「帶著一份簡單的心情，去一個陌生的地方過日子，讓麻木的神經，重新吸收和綻放，不同的文化，不一樣的人事物，考驗自己的包容心。人，只有暫時離開熟悉已久的地方，再重新回來，才知道如何在原點上，去創新！去蛻變！這才是雲遊的意義。」也有師兄關心我，「你又不會說日文，幹嘛去日本？」我會說「謝謝」。更有人直接就說：「你出家人吃素，可能不是很方便？」我也回他說：「應該不是問題，米漢堡配冰水也行！」就這樣一層層的考驗接踵而來，試探我到日本的信心。

經過一夜養息，一早起床，發現戶外已經下了一夜小雨，山上水氣朦朧，還飄起似紗的薄霧。在齋堂吃早餐時，大家都說今天的天氣不好，但是我還是決定要出門，手上帶著一瓶水和蘋果，就開始千年京都的自由行。看來勇氣和膽識這些內在的隱性，是需要外境來刺激的，而如何去解讀，就看自己當下有沒有這種心量去包容和啟發其價值。

心中掛念著是師兄們在餐桌上，一直在我耳邊做的叮嚀，如何搭幾號電車到總站？如何去別的月臺換車到京都？其實自己一路上除了關心電車什麼時候抵達車站外，所見都是趕車的民眾。或許電車內空氣不太流通，再加上暖氣的作用，一眼望去，全車的人都在閉目養神。看來想在車上昏睡，也是一種儀態考驗！

京都最古清水寺

清水寺作為古京都文化遺產，在一九九四年登錄於世界遺產名錄，也是京都市內最古老的寺院，在奈良時期末，由唐朝三藏玄奘大師的第一位日本弟子慈恩法師開創於西元七七八年，山號音羽山。清水寺無論是春天的櫻花，夏天的瀑布，秋天的楓葉或是冬天的細雪，聚集古都所有精髓文化。

我的一襲黃長衫，吸引很多人目光，有來自美國、泰國及挪威的遊客，一一向前詢問，並希望與我合照，原來我也是景區移動的焦點！未進山門前，被左邊一間斗室般的小廟所吸引，漆白的牆面有美學的分割，顯得寧靜素雅。

我好奇走前一看，原來是供奉六臂如意輪觀音，木製菩薩結跏趺坐，高約九十四公分，不大。據碑文記載，至少有七百年歷史，菩薩雙眼是黑玉石做的，遠觀就像真人一樣，炯炯靈光，清澈深遠，感覺特別有神。它雙眼會隨著觀者的腳步移動，一直與你互動，真有趣。菩薩外觀仍留下當年金箔的光采。斗室從江戶年代到明治中期，由堂正式升格為寺院等級，菩薩廣大靈感，慈悲護佑一切眾生，也讓這善良的循環在人間遍灑。

清水寺主殿供奉立式十一面觀音，民眾可以在殿堂內投個五元硬幣（喻取好緣來到我身上），拿取在旁的大磬棒槌輕輕敲三下，然後合掌禱告。我看著民眾如此輕聲祥和地進行敲槌禱告，而且不會干擾其他參拜人，感觸很大，或許佛教的千年文化，已經融入日常生活中，在思想上民眾認為本來就是如此，本能自覺，行為才能如法如儀。

如何來、如何去，一人得自在

清水寺最有特色的是，主殿靠山崖而建，殿前有木構平坦的大型瞭望臺，下方以一百一十九支大型圓木卡榫支撐，不用一釘一鐵，也算是古建築智慧的精彩。平臺近處可賞楓供遊人拍照，遠處可以清楚看見大阪市建築如林。清水寺因寺中清水而得名，順著奧院的石階而下便是音羽瀑布，清泉一分為三，分別代表長壽、健康、智慧，被視為具有神奇力量，遊客路經此地一定會來喝上一口水，據說可預防疾病及災厄。我見人多又排隊成行，只好繞到禪園去，園內布置擺設體現出處處有

禪心，林中上方有紅楓覆蓋，地上有石燈佇立，中間池水倒影成趣，從任何一個角度看，你都會感覺到「美極了」，真是自然天成的一幅小品山水畫。

另外，清水寺在夜晚專業的燈光照耀下，夜遊賞楓也是寺院的招牌活動。但是由於時間的關係，我不參加夜遊，因為我還要認得來時路，如何來，如何去，自己一個人出門在外參訪，記得這個規則，日本自由行，其實沒有很可怕。

一千尊千手觀音的千百億化身

看過清水寺之後，第二站準備到千手觀音菩薩的寺院道場——「三十三間堂」。堂內有一千尊千手觀音菩薩圍繞，這是何等壯觀和氣派！觀音菩薩慈悲化身成千百億，度化頑強眾生，我在三十三間堂巡禮後，果真覺得名不虛傳！

三十三間堂正式名稱為「蓮華王院本堂」，正尊為千手觀世音菩薩，最早是鳥羽天皇於西元一一三二年下令興建「長壽院」以求消災及長壽。根據記載，菩薩慈悲示現三世因緣果報，讓後白河天皇明白頭痛宿疾，是因其前世骨骸，被大柳樹生根穿過。經菩薩指示尋獲後，得到圓滿，後白河天皇發願一心向佛，因此度化因緣，才有此龐大又精緻的千手觀音菩薩造像計劃。

在西元一二四九年，這裡經歷火災，一千尊的千手觀音只被搶救回一二四尊，第二代造形是追溯原樣再度重新塑造！現存的正殿是一二六六年重建的。寺廟本身因有故事的加持，而顯得特別精彩迷人。

三十三間堂的名稱由來，是因正殿內由三十三根立柱隔開的間隔而得名。「間」是日本用在神社和寺院建築衡量長度的單位，一間等於六尺（一八〇公分），正殿長度有三十三間，因而俗稱三十三間堂。《法華經》亦記載觀世音菩薩以三十三種化身度化娑婆眾生。

站在千手觀音最前面的二十八尊諸天造像，其實一點也不遜色，造形是如此細膩傳神，完全是力和美的呈現，連細微的臉部表情都一一勾勒出來，與千尊千手觀音菩薩相互輝映，也算是極品的佛像藝術。

從後白河天皇的故事延伸出來，也發

現佛教提倡火化儀式的先進創舉，是一種環保的前衛想法，讓這具四大五蘊的組合有一個完善的去處，也讓執著的人學習放下！「放下」不是一句口號，它是一種全然接受當下的心態，在經過消化和內斂提升之後，自己心開意解的去面對無常的示現。

很多人會有疑問，「菩薩是不是都在人間度化眾生？」其實當你自己的大悲心生起，能與菩薩的悲心相契相應時，你自己就是人間的活菩薩！菩薩憐愍眾生，如母憶子，菩薩度化，不分晝夜，不擇區域，不分國界，不論男女，根據觀世音〈普門品〉文中記載，眾生應以何身得度者，菩薩皆現何身而為說法。

因為是個人自由行，除了自己與內心對話，其實說話的機會很少。可能是慣性使然吧！去到了任何寺院看過總體平面圖，大概

抓準方向之後，就憑直覺走向所設定的目的地。

誰快？誰慢？

來到禪林寺永觀堂也是一樣，因阿彌陀佛cue永觀律師，是傳奇中的經典！衝著這美麗動人的傳說而來，所以雙腳自動走向阿彌陀佛本堂，到了本堂的前院中，有一位帥氣的法師攔住我：「抱歉！法師，此處是最後一站，非入口！」當下我也傻愣了一下，「非入口？那入口在那裡？」為了參拜回首的阿彌陀佛本尊，我只好摸一摸鼻子，沿路乖乖走回原處！

人，不怕迷路，面對諸多路口，是最徬徨的時候，不是沒有選擇，而是自己不肯去做選擇，不選擇只能繼續消耗著，結果往往

是自己無法承擔的。

關於永觀律師的故事，相傳在西元一〇八二年二月十五日拂曉，永觀律師正一心不亂專心念佛時，阿彌陀佛突然神蹟般由須彌壇走下來，與永觀律師一起開始經行，永觀律師正要回神過來，阿彌陀佛則回過頭輕聲緩慢的說：「永觀，太遲！」從此阿彌陀佛的頭再也轉不回來。永觀律師為了紀念回首的阿彌陀佛的親囑叮嚀，特別請匠人雕刻當時彌陀回首的聖像，以傳後世，增加念佛修行的信心。

從永觀律師的背景來看，他十一歲即在禪林寺童真出家，當時學習真言宗，後來到東大寺受戒學習，精通法相、三論、華嚴等佛學，後來轉而投入淨土信仰，每日功課念佛一萬遍。在永觀律師五十歲時體驗了彌陀回首神蹟，直到二十二年之後，永觀律師才以七十二歲高齡圓寂。念佛的宗教體驗是屬於個人感應道交，由忘我漸進到

無我，進而到達天人合一的境界，實在無法用人間有限的文字去作描述。

誰快？誰慢？快的人看慢的人，「你太拖拉！你可以快一點嗎，做事情不夠乾脆利索。」而慢的人看快的人，「你這是要趕去那裡？一定要這樣急嗎？慢一點會怎麼樣？」快或慢，因為各人所站的位置不同，自然領悟的境界也不一樣，這是一般世間人的理解和看法。

如果從淨土宗的根本思想來解釋：阿彌陀佛已經成佛十劫之久遠，對照永觀律師仍在人世間輪迴修行，尚未還至本處回到極樂淨土中，所以阿彌陀佛就輕鬆幽默他一下：「永觀，我已經在淨土等你很久了。」

剛剛在本堂的前院攔住我的帥氣法師，在離開前特別與他合照，留下這一段佛祖西來意，自己慢慢去參悟其中的奧義，到底我今在何處？

本栖寺

在蔚藍的晴空襯托下，你會瞧見日正居中在富士山，
一會白雲縈繞群山，讓你雙眼一直守著的聚焦，一刻都不想離開它。
本栖湖除了周圍環境迷人，更有一個特點，
它是寧靜的，大美無言，這就是本栖湖魅力所在。

佛光山開山星雲大師，曾為日本本栖寺題下一首禪詩：「春有梅櫻秋楓葉，夏湖月夜映冬雪，若人能到本栖寺，自在解脫增福慧。」我在多年之後來到本栖寺，對這首禪詩的境界和體悟，更能心開意解其中意涵。

本栖寺落成時，我沒有因緣參加，一相隔就是十三個年頭。如果用人的一生時間來計算，這個人從出生到長大，想像應該也開始進入國中求學。而我與本栖寺的緣分是直到承家師慈悲指示，才有因緣到本栖寺參學。

自己心情中沒有失落感，情緒上也沒有出現反覆的無奈，反而多了一份淡定

和從容，因為只有一個人，就好像自己進入這個大環境中閉關一樣。油然生起的孤獨感，讓我更懂得獨處。孤獨是生命中的內容，你無法拒絕它的存在，但是你更要有耐心去欣賞它，懂得與它和諧相處，讓自己在平靜中茁壯長大，在寧靜中領悟生命。成熟的人不是能說出什麼大道理，而是能說服自己去理解身邊所發生的人和事。

本栖湖面目，大美無言

在大阪小住十天之後，終於要動身前往本栖寺。一早從清荒神坐電車到新大阪換上新幹線，一路直奔富士線站，前後也近三小時，再由本栖寺日本老義工帶領換坐小轎車上山。一路上老義工一直為我介紹神山富士，從什麼時間看是最美的，而我只能一直回他「嗨，嗨，嗨」，大約一小時，終於嗨到了本栖寺，已經是下午三點。

在知客法師帶領下，認識周圍環境，走到後山一看，有一顆李子樹，結得滿樹的小李子，掉得滿地，隨手在衣服上擦一擦，就順口一咬。嘩！果皮雖然有點粗糙，但是果肉還清爽可口，這是在本栖寺的第一份水果大餐。另外，各組石雕小沙彌的有趣動作，也為寬廣的庭園景觀，增加很多注目的焦點。在知客法師的強力推薦下，可以騎腳踏車或是徒步繞湖，看來今晚準備養好體力，明天開始繞湖活動。

與大眾一起在齋堂用過早餐後，自己迫不及待就在一號樓下選腳踏車，開始準

備繞湖一周。一路上絢紅的各種楓葉，真是鋪天蓋地而來，本栖湖如果說它美，並不足以描述它的神奇。它變化多端，當天早上的天氣極佳，在蔚藍的晴空襯托下，你會瞧見日正居中在富士山，一會白雲縈繞群山，讓你雙眼一直守著的聚焦，一刻都不想離開它。本栖湖除了周圍環境迷人，更有一個特點，它是寧靜的，大美無言，這就是本栖湖魅力所在。

本栖湖是富士山北麓的一湖，為富士五湖之一，也是最深的一湖，湖面海拔高度九百公尺，水深有一百三十八公尺。

本栖湖有一則動人的救世傳說，相傳在三百年前，靈氣的本栖湖底，住著一條神龍在深水中潛修。有一天神龍突然浮出水平面，告訴本栖湖附近的老百姓，快要火山爆發了，請老百姓趕快躲到後山去，待災難過後再回來湖邊，老百姓承蒙神龍的慈悲指引，避過此百年大劫難。為紀念此神蹟

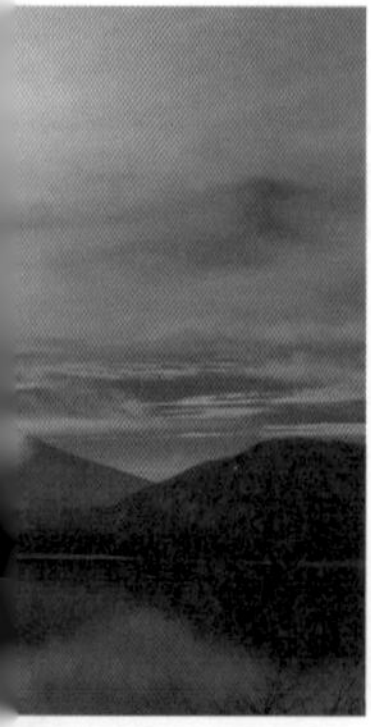

救世，故取名本栖（motosu-k），之後居民感謝龍神，在每年八月三日都有龍神祭，現在正式更名為本栖湖神湖祭。

我靜靜聽完當家如愷法師講述本栖湖傳說，佛教相信這五濁惡世裡，六道眾生是並存的，只是彼此的形體和能量不一樣，生存模式相互不干擾，要有緣分彼此才能交會，神龍是佛教的護法，也是正法守護者。

華嚴思想，普照群生

本栖寺院內最亮眼的是華藏寶殿，那是大師的智慧，給本栖寺最大的一份禮物。殿內四周以銅字鑲嵌《華嚴經》，中心設有一塔，四個塔面第一層供奉五方佛，第二層供奉三寶佛，最高層以釋迦牟尼佛為教主，以多至一，重重疊疊，真實展現出華嚴的思想中心，一法之中了一切法，一行之中具一

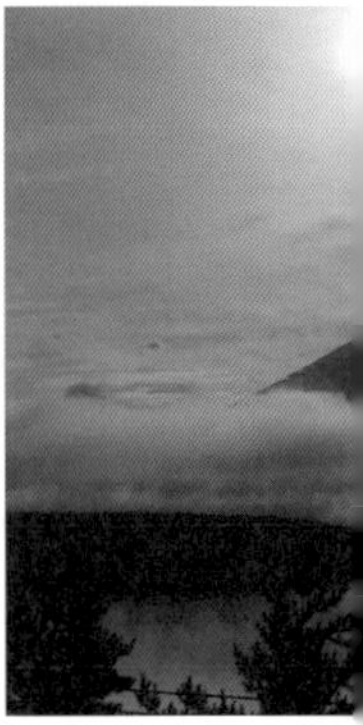

切行。

如果你不趕時間，你可以念佛繞塔，你也可以看經慢讀，或隨你心意，擷取其中一句經文，細細思惟其中意涵，讓自己置身在華嚴境中，光明無量，遍照大千。

本栖寺整體建築，皆是清水模外牆，在群山環抱裡，特別顯得樸實無華，低調寧靜。在住宿方面，可以提供近三百人同時掛單，無論是大型會議，禪修靜坐，會務活動，內外教學，團體朝山，都可以容納。

有很多發心義工，經常臺日兩地往返，平日在道場參與各項出坡作務，除了增福增慧，也親近零汙染的大自然。在忙忙碌碌的日子之中，找到一個休閒又修行的好地方，這何嘗不是一種自在解脫的人生！

永平寺

如果用心細看，你會發現有一條小溪流過，水滴石穿聲仍在作響。有機會讓你去參悟：水聲何來？迎面平坦的石道，讓你平步而上，直契大道，而四周圍繞著七百年的古松、楓葉、奇石，都默默的參照在趕路中的你，自己的禪心還在嗎？

大阪道場在三天彌陀法會圓滿結束後，特別慰勞我們支援法會，安排我們去曹洞宗永平寺參訪。大夥們聽到消息時非常開心，因為對於永平寺這三個字，是從電影上知道，認識有限。為了要趕往福井縣永平寺，我們一行五人，早上五點就準備出門；經過齋堂時，發現當家妙崇法師已經切好水果、弄好早餐給我們外帶，深怕我們在路上找不到可以吃的。我們看了，感動不已，看來他起得比我們更早，這就是佛光人奉行「給」的精神。

天還微冷，我們步行到了車站，已有疏落人群在等車，這趟旅行常住有派義工

做嚮導。楊至弘是位臺灣青年（後面簡稱小楊），留日多年，是專業的導遊，早期由大阪道場接引學佛，常到道場發心當義工，由他帶路，我們一路上輕鬆許多。

我們在大阪等車的時候，發現新幹線也會誤時，請他一聽廣播說明，原來是有人跳車自殺。有人生活的壓力太難過，只有草率結束壓力糾纏，而車站也是一貫流程作業，只花了十分鐘，就快速清除現場障礙。

在這高壓和冷酷的社會，生命竟是如此的輕微！生活本來就是一件不容易的事情，唯有提高自己內在的抗壓性，在壓力中自己懂得隨緣與放下，才能享受生命中的平靜、自在、喜悅。

杓底一殘水，汲流千億人

我們從坐電車換新幹線，再轉小車，到了福井縣已經過了吃午飯時間。要先吃飯？還是先參觀？雖然小楊說，永平寺不大，一個小時就能看完，但是我們決定先吃飯。就在山門口找到一家麵店，把午餐吃飽再進去參觀，因為我們都知道，一個小時看完永平寺，這是不可能的！

永平寺在門口矗立灰色大理石碑，上面刻著「曹洞宗大本山永平寺」。取名永平，源於東漢明帝永平十年，佛教始傳中國，舉其年號作為寺名，以之為誌。在右邊寫著開山祖師道元禪師所題的對聯，下聯是：「杓底一殘水，汲流千億人」，這句禪詩，讓多少文人雅士，無不提筆呼應，對禪的體悟和省思。

如果你用心細看，你會發現下方埋有一條小溪流過，水滴石穿聲仍在作響。有機會讓你去參悟：水聲何來？迎面平坦的石道，讓你平步而上，直契大道，而四周圍繞著七百年的古松、楓葉、奇石，都默默的參照在趕路中的你，自己的禪心還在嗎？這就是禪詩的上聯：「正門當宇宙，石道絕紅塵」，道元禪師所提的上下聯在此，照應所有來參禪的人。

宇宙虛空歸在合掌中

小楊說，下午寺內有回向法會，這是非常難得的機會，當然不可錯過。走到僧堂門口，看見法師們從僧堂魚貫排班出來，準備去法堂做佛事回向。好奇探頭瞧了一下僧堂內部，只見中央供奉文殊菩薩（聖僧），室內一覽無遺，是法師們打坐修禪、思惟閱經、吃飯睡覺的地方。一人一床舊黃的榻榻米，一張陳年的禪坐墊，那是法師的天地之間，它可以幻化包羅萬象，也可以通達寂靜之處。在這個充斥物欲的社會，法師可以過著一簞食，一瓢飲的清貧生活，在動盪極速的年代，這是非常有境界的靈性追求。

法堂，是傳承佛法的地方，因為有來自岐阜縣的功德主供養常住，可見這非一般的佛事。法師們排好班後，主法和尚拿著拂塵慢慢走進來，只見一位年少小法師，手上拿著一個長方形木箱經筒，內裝有木製經典，每位法師拿一本，他就要往下卡嚓轉一圈，就要走在下一位法師面前，穩當的把經筒端正持平，看來力氣也要不小才能走完，發一本經典都是個講究。

在主法和尚帶領功德主上香後，誦經方式是捧經經行，經本就在自己的臉前不超過二十公分，在陣陣低頻的誦經中，因為是遊客身分，只能站在大門西單外跟著合掌。合掌是世界上最美的動作，宇宙虛空都歸在合掌中，交流在心裡，或許這身棕色的長衫格外顯眼，主法和尚似乎也發現我靜靜的合掌。自己心中默念，行者無物供養三寶，唯做光明觀想供養……

每日持續，就是修行要領

佛事結束後，就在長廊中與主法和尚不期相遇，透過小楊的翻譯，我們告訴主

法和尚來自臺灣佛光山，到永平寺來參學，主法和尚主動問我們，時間上會很趕嗎？方便到客堂喝杯茶嗎？

在佛門喝茶是一門專業的學問，「坐、請坐、請上坐」，「茶、泡茶、泡好茶」，都是通關密語，依不同的人有不同的方式，這不是分別心，而是依眾生的根器，慈悲給予不同的相應法門。

主法和尚帶著大夥們，原路走回吉祥閣宗務會所，禮貌性交換過名片，才知主法和尚是副監院丸子孝法大和尚，他分享代表永平寺回大陸浙江寧波，與天童寺住持誠信法師，和杭州淨慈寺住持戒清法師做寺院交流。副監院精於繪畫，例如開山祖師畫像，中國書法更有味道。承副監院慈悲，惠賜一幅墨寶：「眼睛鼻孔可端直，頂對青天耳對肩」。建築方面，副監院在分管奈良三輪山平等寺的建設。

副監院告知，永平寺基本常住眾有一百八十位比丘僧，每天坐禪的內容，清晨三點半（夏季）或四點半（冬季）起床、三點五十分坐禪、五點早課、七點早齋、

八點半掃除作務、十點坐禪、十一點誦經、中午十二點午齋、下午一點作務、兩點坐禪、四點晚課、五點半藥石、七點坐禪、九點開靜。就這樣日復一日，年復一年，重覆這樣規律的日程，因為重覆，使它單純化。能夠每日持續下去，就是修行的要領。另外，我們也交流了外國人士如何參與短期坐禪體驗，及永平寺的禪食文化。

會見結束後，知悉永平寺地處積雪甚深之處，每年均須更換大批屋瓦，一行人也發心隨喜功德。大夥從吉祥閣再重新繞一次永平寺，其實永平寺總共走兩回，但是這第二回是祖師殿朝拜道元禪師，也是寺內住眾出坡作務的時間。法師在頭上綁上白色小毛巾，怕出汗時頭會受涼，不搭理遊客拍照，完全專注在當下的角色，奮力打掃。窗戶給擦拭乾淨明潔，地板都快擦成白色，似乎已是人我兩忘，這是道元禪師在禪法上又開創另一種境界，除了坐禪，行佛也是自受用三昧。回程時，遇見一位來自美國的禪學僧，到永平寺參加短期禪修課程，在禮貌性的互動下，徵得他

同意，特別與他合影。

道元禪師的三受棒喝

最早將禪法傳入日本的，是七世紀末飛鳥時代，奈良元興寺的道昭法師。而後真正將禪法興隆起來的，則是十二世紀末鎌倉時代的明庵榮西及永平道元二位大師。道元禪師為了探求本來面目，負笈中國大宋習禪，將所學傳回日本，創建曹洞宗第一道場永平寺，成為日本曹洞宗初祖。道元禪師在中國參學求法時，有機緣受到三位得道禪者的棒喝和點撥。

第一回：阿育王寺的典座棒喝——當時有一位六十多歲的老和尚，跋涉了三、四十里路來到港口買香菇，道元難得遇到中國的出家人，便向老和尚問候說：「老師父您年紀這麼大了，為什麼不坐禪辦道，竟要做這些雜事呢？」這位典座老和尚當即回他一句話：「你這位遠從日本來的學僧，可能還不瞭解什麼是辦道吧！」

第二回：天童山無際禪師棒喝——道元瞧見有位老和尚在庭院裡滿頭大汗的曬

著菜乾，道元心生不忍，趨前問道：「這種事可以吩咐年輕人來做，您何必這麼辛苦呢？」老師父竟然不客氣的大聲答道：「因為別人不是我啦！」

第三回：如淨禪師棒喝——道元正與另一群同修在禪房打坐，恰聞如淨禪師責罵坐在他旁邊的禪者說：「真正的坐禪，一旦坐下，就要坐到身心脱落，坐到整個身心世界蕩然無存！」坐在一旁的道元，在修行上正好瀕臨突破的臨界點，聽了如淨禪師的這番話，剎時如受電擊一般，豁然開朗起來，至此真正體驗到身心脱落的境界！

道元禪師的思想被認為是日本佛教史上最突出的成就，其著作尤以《正法眼藏》一書，成為日本曹洞宗最重要的典籍，亦被公認為日人著作中最高哲學書籍。永平寺雖歷經七百餘年歲月淬洗，然而在日本所有寺院中，寺內一直維持嚴峻紀律的禪風，僧侶生活與七百年前定下的清規毫無二致，完全沿襲和傳承中國古代叢林禪宗典制。在日本佛教普遍本土化的同時，曹洞宗永平寺禪風獨樹一幟，也是為什麼會有千萬億人，特別慕名聞道而來。

唐招提寺

奈良是他歸老的地方，想起那首他所作的遺偈：
「山川異域，日月同天，寄諸佛子，來結善緣。」
雖然風月同天沒有分別，
但在思念上，更鑲密一層濃郁歸鄉的思緒。

奈良是日本的古都，稱為平城，於西元七一〇年建都，在七八四年遷都到京都。一個有說服力的說法是，市街一帶為平坦的地形，這種「均地形」即為「奈良」都市名之由來，古籍書中亦有「那羅」，「寧樂」作稱。

到了奈良，這裡沒有京都的熱鬧，也沒有熙來攘往的人潮，反而有一份自然的寧靜和秋意的蕭瑟。奈良，彷彿是一個很遙遠的地方，終於踏上這塊土地之後，不禁讓我遙想起一千兩百五十年前，他以六十六的高齡，在岸邊與夢想國之間，耗十一年歲月流浪往返，吃盡所有奔波的苦頭，折騰了五回的險境，最後在第六回才踏上東瀛島國。

他來自風光明媚四季分明的蜀崗（揚州古稱），到了這個島國他會習慣嗎？他在語言上應該很不適應吧？他在這裡日常三餐吃得習慣嗎？蜀崗的淮揚素齋非常有名，一塊豆腐，可以把這麼容易的事，推向吃的最高境界。奈良緯度上的氣候，這裡應該比蜀崗更冷吧？奈良是他歸老的地方，想起那首他所作的遺偈：山川異域，日月同天，寄諸佛子，來結善緣。雖然風月同天沒有分別，但在思念上，更鑲密一層濃郁歸鄉的思緒。

大唐佛法，異地生根

而我，一個對東瀛完全陌生的人，幾經波折，多方問人，深知要到唐招提寺，

並不是容易的事，突然感覺到自己迷路了，比起他東渡越洋所承受的苦難，真是千萬億分不及一，所以來時路所受的各種試探和阻撓，也甘之如飴的接受。

幸運的是，經過多位好心人的指引，終於來到大名鼎鼎的唐招提寺。這裡曾是日本國佛教的最高學府，舉凡日本學佛人，都須在這裡研修佛法，那繁華鼎盛的年華，從寺院大型原木的柱身上，可以窺看當年的昌隆景象。

在守衛室的工作人員，見我一身僧裝，左手一指，出家人免票請進。我還來不及意會，雙腳就不自主的跨過門檻，迎面而來，是盛唐建築代表作。他用心教導這些建築工人，希望在異地他鄉，重建故里的原貌，望大唐佛法，能夠在異鄉落地生根，弘法是家務，利生是事業，東傳戒法的腳步，他一刻也不輕過。

成千上萬灰白交錯的小礫石，就像是他眼裡芸芸的眾生，有得度、未得度，都在一念之間受用無窮；有因緣、沒因緣，都願在大法中得利。走在礫石之上，在四大重壓之下，一走一步，就卡滋卡滋作響。鞋子和小礫石摩擦之時 或許礫石也想告訴我説，放輕、放慢你的腳步，就不響了。

嘗試放慢腳步，緩緩來到金堂門口，眼前所見，全是大型原木建築，不著任何顏色，佛教像是追尋自己千年的本來面目。殿內中尊供奉盧舍那佛像，從網中細看之下，佛像的背光鑲嵌著密密的小木佛，有著一佛出世、千佛護持的恢宏氣勢。雖然表面上已烙印歲月的斑駁痕跡，但仍不失盛唐精湛的藝術造詣。自己不得入內，只能在門外合掌膜拜，心裡嘀咕著，那是一個鼎盛和大氣度的環境，才能創造出偉大的佛像，傳世至今。

播灑菩提種子，不計代價

看過金堂之後，就一路走向御廟（墓園）。沿途感覺到身上的溫度，一直往下滑，原來已經繞過很多的院子，獨步到深山叢林去了。穿過一扇原木門，筆瘦的松林，在青苔的綠意襯托下，更顯得養眼舒適。一路走到盡頭，依倚在半月形的水岸邊上，有一座凸起的小山丘，頂上立著唐式石製大舍利塔。他的信念就在裡面守護著這塊土地，而我只能遙遠相隔，無法咫尺靠近，自己慢步繞塔三匝，感覺到滿山華枝，搖影落印在娑婆。

他奮不顧身，不惜付出一切代價，只望佛法戒律能夠弘傳東瀛，那是怎樣的一種宗教信仰和偉大的情操！明知結果是慘痛不已，他仍是堅持信念，讓未知的因緣，在眾人虔誠的感召下，漸漸走上一條成佛大道。

他或許可以選擇在蜀崗上過著千人歡迎、萬人愛戴的生活，但是他不忍聖教衰，不忍眾生苦，毅然走出自己熟悉的文明蜀崗，來到全然陌生的東瀛，做弘化傳燈的工作。

對他而言，所謂的成果，不是馬上付出就能立即回收，尤其播撒佛教的菩提種子，還需要各種外在因緣條件的成就，加上內在的因緣具足，經過長時間的淬鍊、淘化和升級之後，方能見其一二，慢慢的茁莊。

千載一時，一時千載

其實，如何面對苦難，對有理想抱負的人來說，是一種教育，是一種訓練，讓你更加堅強自己的信念和意志。但是對一個沒有志願的人來說，面對苦難，那是一種無形的壓力，那是一種討厭的壓迫，甚至還未交戰前，就輕易放棄。

前中國佛教協會會長趙樸老在前方的碑牆上，揮下筆力萬鈞的禮讚：「像在如人在，喜豪情，歸來萬里，浮天過海，千載一時之盛舉，更是一時千載，添不盡恩情代代，還

復大明明月歸，共招提，兩岸騰光彩，兄與弟，倍相愛……」

彷彿在他的筆觸之中，在連字之間，留載著千年的仰慕和敬重。趙樸老逝世後，根據他的遺願，將他的部分骨灰，葬在墓旁右邊，立了一座小石碑。趙樸老勁健朗逸的書法，都留給大陸千年古木金中弓做鎮山之寶；而這古拙黯黑的小石碑，在這片陌生的大叢林中，特別顯得芬芳久遠。

或許穿越千年的時空，對不同時代的偉人而言，不是什麼困難的事，然對佛法的熱忱的追隨，讓他們相知無悔。在蜀崗大明寺他曾面對佛祖講出激昂一句：「為法事也！何惜身命！」相隔一千兩百年之後，至今仍鏗鏘有力，響徹雲霄，震動寰宇！無論古今時空的輪

流，無常歲月的變化遞嬗，他就是偉大的東度傳燈鑑真大師。

行走至此，心中突然靈感一現，當年鑑真大師發願東度的景像，歷歷在眼前。兩位遣唐使，來到大明寺，禮請傳戒師，遠度傳大法。鑑真問眾人，有誰願意去，眾人皆不語，唯有自發心。耗時十一年，人事多更迭，雙眼又失明，還是不忘志，一心為佛教，傳法度群迷。

準備動身要離開唐招提寺之前，再次原路走回金堂門口，一片紅色飽潤的楓葉，從樹林之中，乘微風之力，緩緩的飄下，不偏不倚的，就落在自己的腳跟前，激動的思緒，一時無言……

印度朝禮

佛在世時我沉淪　佛滅度後我出生
懺悔此身多業障　不見如來金色身
朝禮佛陀聖地　合十瞻仰
惟願
追隨先賢腳步勇往直前
契悟一切法　圓滿佛菩提

鹿野苑、恆河

繼東渡日本巡禮千年寺院
再次準備轉向西行印度取經
印度是佛陀的故里
也是佛法的發源地
感念歷代祖師大德　聖賢菩薩　護法龍天
一心為教　弘傳佛陀正法
雖歷經朝代迭變　無常歲月流轉
仍留下偉大基業　留傳教化後世
朝禮佛陀聖地
你可以緬懷在心　也可以合十瞻仰
你可以頂禮朝拜　也可以見賢思齊

大家根性不同　懂得尊重包容
大家根器利鈍　佛法一點即通
效法先賢　是學佛人的追隨腳步
勇往直前　是對佛法的融會貫通
心無罣礙　是行佛人的大施無畏

我終於明白
天上天下無如佛　十方世界亦無比
世間所有我盡見　一切無有如佛者

有人問　現在你去印度　看到都是遺跡的紅磚
在行者的眼裡　那不是紅磚而已　那是佛教的生命力
佛教聖地曾經生機蓬勃　曾經繁華昌隆
只是政治惡鬥和外來戰爭的入侵
外在硬體物質條件　隨著因緣也會改變
世間變化也告訴我們　無常的存在
變　是一種流動態度

它可以左右　也可以上下
甚至三百六十度翻轉
沒有定法　你如果感覺不適應
證明你心內的空間　還可以提升

我終於明白
在印度這個地方　不變才是真的奇怪也

鹿野苑

鹿野苑　是三寶光明齊聚的地方
佛陀成道後　最初轉法輪的聖地
先度五比丘　成立初僧團
演說四聖諦　苦集滅道法
佛陀雙手蓮花　三指向內　三指向外
似乎告訴後人子弟　修學佛法要領
息滅貪瞋癡　勤修戒定慧
定和尚慈悲　帶領大眾諷誦
般若心經　佛寶讚　讚佛偈
開示八正道　契入十二因緣
詳說四聖諦　總入緣起法則
北有大陸法師　領眾跪念金剛經
西有西藏喇嘛　持誦貝葉經

東有南傳法師　持誦三寶經
在平坦曠野中　陣陣梵音縈繞
彼此互不干擾　又能夠和諧交響
石塔上的片片小金箔
在澄黃豔紅夕陽照耀下
透露一陣陣　潤吉祥的光明

我終於明白
佛說的　人要的　淨化的　善美的

恆河

天未破曉　說要到恆河看旭日東昇
一路牛群　乞丐都依倚騎樓下棲息
髒灰包裹的被子　似乎趕不走寒意
未到岸邊　濕婆神的大市集已經熱騰
有人對著骷髏點香　低頭念念有詞
有人在光身沐浴　準備迎接新的一天
有人在岸邊　拿著棍子拍打刷洗衣服
恆河的水與人民生活已經完全契合
坐上輕舟　遊盪在漆黑的恆河上飄浮
掌舟的人　手握麻繩
往上一提　馬達就動
往下一放　馬達就停
在他一提一放之間
也是中道　也有佛法
舟在他手上 緩緩擺渡到盡頭

有人強力推介　買魚放生
盧比五百可以喊到一百
有人推介　買馬鈴薯做成的乾麵條　可以餵食海鷗
看見鄰舟的友人餵得歡天呼叫
導遊建議　我們人多
何妨買兩包嘗試一下　拗不過他　只好點頭答應

見他拿到時　一把往嘴裡塞
他說　這個人也可以吃的
頓時　人吃　鳥也吃　皆大歡喜
放香花水燈祈願
一點光明照亮　千年無明煩惱
陣陣古早味的燈油　熏黑了鼻孔
回到岸邊　未下船　迎面而來
各種乞丐　外道　婦孺　都伸出小手要小錢
Ten盧比　Ten盧比　追著大家快步跑
雖然不小心踩到牛糞
你也無暇理會　到底臭不臭
你的雙眼　只想看到大巴士在那裡
趕快上車

我終於明白
神聖的恆河　承載當地人的生老病死
恆河的水　代表清淨　清涼　柔軟　滋潤　恩澤

涅槃寺

坐上大巴士
自己就像隔鏡的安全人
穿越無名大小鄉鎮
真實看見廣袤的平原
時值冬季少雨之期
所有大小農作　都蒙上灰塵土埃
四姓階級　時隔千年　仍然明顯存在
老弱婦孺　蹲在路邊
兩手乞討　兩眼放空　生命在空檔
背向著你的　都是向大地平原　繳交水費
一點一滴　全部回歸自然　完全不浪費

雖然教育普及　學雜全免
還是有看不到的族群在遊放
雖然醫藥全免　生老病老
機制中又能有尊嚴照料幾人

我終於明白
你擁有的　比你需要的　還要多很多

佛陀花了三個月　領眾赤腳步行　緩緩走向西北方
芒果園主最後供養　椎茸菇這道菜
終止了所有因緣
佛陀選擇拘尸那羅　這個小村莊　結束最後的遊化
請弟子在娑羅樹林中　鋪設好座床　準備入滅無餘涅槃
佛陀以剩餘的體力　諄諄教化弟子　最後四個問題
弟子問：佛入滅後　未來以誰為師　以戒為師
弟子問：如何修行　觀四念處
弟子問：如何對治壞人　默擯之

弟子問：如何分辨真假經典　經文以如是我聞為始
在寂涼的夜色中　四周微風輕拂
佛陀安詳　平靜的永遠沉睡
一閉眼　宇宙間再也沒有光明

我終於明白
佛在世時我沉淪　佛滅度後我出生
懺悔此身多業障　不見如來金色身

涅槃寺　一早就湧入很多朝拜人潮
有人一手持香水蓮　一手拉著金黃色的袈裟
在聲聲佛號中　走進涅槃寺　以袈裟供養佛陀
希望來生有因緣　常披無上福田衣
而我們八十人　選擇以音聲供養佛陀
就在娑羅樹林中　以藍天為華蓋　以薄氈為拜墊
諷誦金剛寶懺　經文加佛號
引磬　木魚　鐺鉿　鈴鼓　搖鈴齊鳴之下

一跪一拜　三小時就圓滿
看的人　比拜的人還要多
或許他們還認為
這群人什麼時候　也可以辦場音樂會

我終於明白
各以一切音聲海　譜出無盡妙言辭
盡於未來一切劫　讚佛甚深功德海

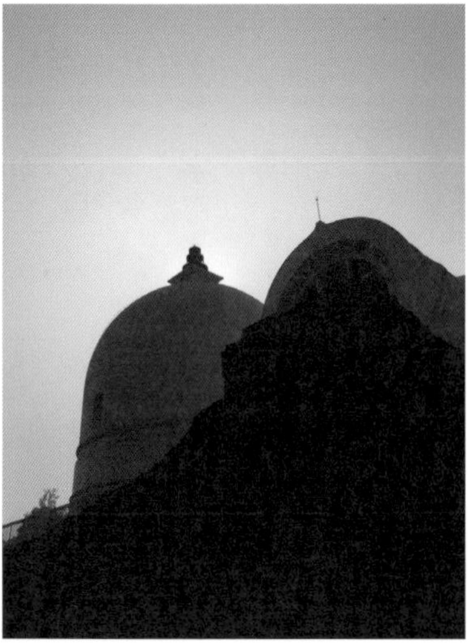

吠舍離、那爛陀

吠舍離

前往吠舍離　路上起大霧　車子放慢速度
天空中　掛著一顆金黃的太陽　引導我們一路前進
這裡是佛陀　宣布入滅的地方
也是阿難請命　比丘尼　沙彌尼正式加入僧團
佛門四眾具足　是史上新的里程碑
第二次七百僧眾　經典結集的地方
是上座部與大眾部　分歧的源頭
孔雀王朝阿育王　標立的石柱　一體成型

渾圓　光亮　平滑　歷盡二千年歲月
獅子面向西北方　佛陀入滅處
阿難尊者慈悲　為不捨兩軍對峙　只為迎己
從船升空顯神通　粉碎肉身變舍利　分得兩岸　免戰爭
定和尚正演說　雜阿含經故事
旁邊的小孩　天真的嬉戲　奔跑　要錢
古老獼猴池的故事　彷彿也正上演
獻蜜供佛　來生得福報

我終於明白
佛以一音演說法　眾生隨類各得解

那爛陀

那爛陀大學　象徵蓮花
出世智慧　佛學大城　歷朝國王護持續建
世界佛教研修中心　規模完善
唐三藏玄奘大師的母校
後繼義淨　循海赴印留十年
當年盛況　院址長十公里　寬五公里
教師上千人　學僧上萬人
皆慕名求法　只為無上法義

院內有講堂　學舍　佛殿　塔林
白天大寮烹煮　三餐供眾
灶有餘火　則燒製佛像
藏經有九百萬卷　出世與入世法
皆在競爭　激盪　督促　思惟
皆在無礙辯論中完成交流
周圍兩百戶人家　輪流供養
只望佛法可興隆
一把當地怒火中的戰火
再度外來戰火中的怒火
千年基業　只留紅磚
在舍利弗尊者塔前　諷誦心經時
眼前遊人如織　僧衣何處尋

我終於明白
佛法要生活化　生活要佛法化

靈鷲山、菩提迦耶

靈鷲山

王舍城靈鷲山　古稱耆闍崛山
提婆達多　設野象　弄大石　欲滅佛
佛力加持　野象被馴服
山上亂石　只有傷佛足
今山下入口　世尊療傷處　只見遍地紅磚
世尊在靈山　演說六大部　大乘甚深經典
天上人間　百萬人天眾　共赴會聽大法
頻婆娑羅王　為聽正法

逢山開路　遇水架橋
而今　只留他下馬處　傳神
天臺智者大師　勤誦法華經
進入法華三昧　只見靈山猶在　儼然未散
定和尚　拐著長棍子　一步一腳印
帶著我們向前　走走又停停　停了又走
不時回首　看一看　後面八十人　是否有跟上
半山成群的猴子　閒坐在石頭上
等待過路人　施予一點零食　充饑
我深怕猴子靠近　抓傷到定和尚
長老恬然淡定　回我一句
沒事　我也是屬猴的
當下的我　只有哈哈大笑
長老慈悲　在他眼裡　情與無情　同圓種智
今有幸再登說法臺　放眼眺望四周
群山遼遠無際　地勢壯闊無邊　圍繞獨鷲成形
只有一心供養　上佛供時　所稱諸位

南無靈山會上佛菩薩

根據妙法蓮華經　如來壽量品記載：

我見諸眾生，沒在於苦惱，

故不為現身，令其生渴仰。

因其心戀慕，乃出為說法。

神通力如是，於阿僧祇劫，

常在靈鷲山，及餘諸住處。

眾生見劫盡，大火所燒時，

我此土安隱，天人常充滿，

園林諸堂閣，種種寶莊嚴，

寶樹多花果，眾生所遊樂，

諸天擊天鼓，常作眾伎樂，

雨曼陀羅花，散佛及大眾。

我終於明白

說法者契機　聽法者契理

契悟一切法　平等無高下　圓滿佛菩提

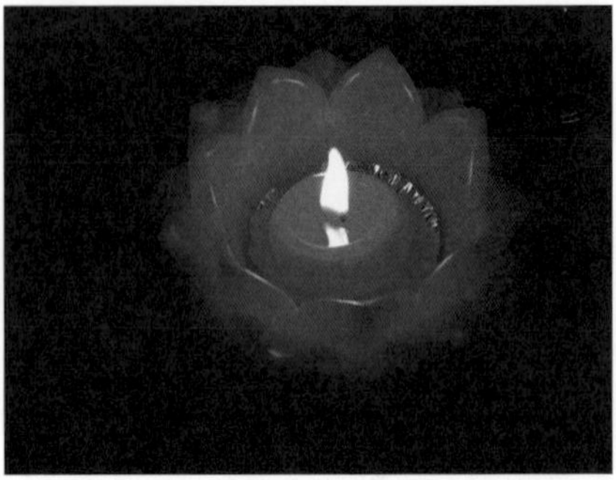

菩提迦耶

導遊說　明早要在菩提樹下做早課
一夜未眠　只等時間快點
天未亮　我來了菩提迦耶
搜身　檢查　再搜身
終於站在大覺寺前
一輪明月　就在大覺寺旁　靜靜的襯托
相互形成一幅　自然天成的畫面
大眾也不管東西南北　就隨著人行摸黑前進
也不理氈上有狗兒味　有位置站就感激不盡
在定和尚慈悲帶領下　我們一行八十人
維那　舉腔　唱香讚　心經　拜願
表達內心虔誠的供養
這是佛陀在菩提樹下　金剛座上
發下驚天動地大願：
若不成正覺　不起金剛座

經七天七夜　戰勝魔王　證悟的聖地
這是三世諸佛　在人間成道的聖地
點燈　只願心燈常能　自覺又自悟
獻袈裟　願無上福田衣　世世常得披
繞塔經行　雙腳痲又腫　不能再行走
有人發願　所求　名利　富貴　長壽
有人發願　眾生皆得度　正法可興隆
南傳法行者　帶領白衣居士　席地合掌誦經
不用經本　巴利文完全記在腦海裡

藏傳法行者　在厚手套　厚圍裙保護下
發願十萬次　五體大禮拜　只為學法
西方行者　層層五色曼荼羅　供養
成形又散去　散去又聚集
沒有人督促你　也不需要別人監督
所修　所經歷　所感悟　是生命的寶藏
誰人也搶不走　那是信仰生命的全部
生活回歸到最純淨的　身心靈統一
所求境界層次不一　招感果報自然不同
在菩提迦耶二十四小時都有人
對佛陀　心生仰慕　雙手合十　禪坐禮拜
各種梵音相互交叉中　又不影響彼此修持
臨走前　再回首　看著聖地
黑暗中有光明　菩提樹　金剛座　大覺寺
我終於明白
一個人有信仰　比生命更重要

印度佛學院

印度佛學院　這段佛法西來意開始有緣由
一九九八年佛光山在菩提迦耶金剛座前
舉辦國際三壇大戒　中英同步　恢復比丘尼戒法
這是千載一時　南傳佛教的佳音
貢噶多傑仁波切　有感年事已高
三十年身藏佛牙舍利　十二大法王見證　贈於星雲大師
希望未來芸芸眾生　有因緣得聞佛法大義
一九九九年　星雲大師慈悲指示　開辦印度佛學院
一心光大　復興印度佛教人才
惟有透過佛法的教育　教育再教育

教育中含有文化　文化中透有慈善
慈善中共修結緣　結緣中服務眾生
佛光山四大宗旨　一直轉輪放光
經多位法師努力耕耘　默默付出奉獻
覓地已花六年　建設再費八年　至今啟用兩年
雖然建築工程不盡完善　還差一點斗拱裝飾
但內部殿堂　大寮　齋堂　圖書館　僧寮一切俱全
凡事能夠先求安身　才能立命有所作為
今設有雲水書車遊化諸方　望多閱讀　大開智慧
翻轉自己的命運　迎向光明的未來
一群印度小女孩　以歡迎歌迎接我們八十人
定和尚帶領我們八十人　進殿禮佛三拜
有請妙如　妙軒法師　分享一路走過種種困難
印度小女孩　以美妙清純音聲供養
從聖歌輾轉到最新的人間音緣
開始中文到臺語都有練轉　真神

你不得不佩服　他們確實曾經苦練過
印度人要說標準中文　本來就不容易
還用唱歌加上舞蹈和手式
學長最資深　一首清唱似天籟震撼人心
傳統熱情印度舞　加瑰豔的紗麗飛揚
換來一次又一次的掌聲　鼓勵不斷
欣賞小女孩藝術表演天分　極高
長老帶領給獎勵　大家歡喜贊助結緣
希望印度菩提種子　開花結果
光榮歸於佛陀　成就歸於大眾　利益歸於常住　功德歸於檀那

我終於明白
一個人可以走得很快　一群人一起可以走得更遠
懂得團隊　瞭解系統　掌握趨勢　才是成功的人生

德里沙彌學園

朝禮印度行程　最後壓軸　在德里沙彌學園　舉行剃度典禮
二〇〇七年慧顯法師　孑然一身　赴印度德里
星雲大師授望他能一肩擔起「以教為命」的使命
多年來　他以師志為己志　一步一腳印　走過酷暑冷冽的歲月
慧顯法師教育頑皮小沙彌有辦法
他一時　如彌勒慈父般　百般愛憐　笑臉迎你
犯錯時　你又看見　韋馱護法　手拿金剛杵　降伏你
在歡喜中有佛法的智慧　在佛法中有慈悲的方便
如何拿捏　如何權衡　就端看當下的因緣如何發展
身教最直接面對的教育　你喜歡　就當下心領神會

言教則是種在八識田中　漸漸的薰習　慢慢的發芽

第一批培訓的小沙彌　已經從萌樣無知小孩　到成熟識事的少年郎

法師耐心每日教導佛法義理　佛門行儀　文化書法　自力農耕

出世無為的智慧與入世精神的學問

都要學　都要懂　一樣不少　一樣不差

雖然大家都在同樣起跑點上　都一樣平等對待
如果有差別　只是彼此的根器條件　是漸根性還是頓根器
在無盡佛法大海中　普門大開　一樣受教受用

今有第二批有十六位小沙彌加入學園
學習大乘菩薩道　發大心　學菩提　發大願
年紀最小八歲　佛門謂四小不可輕　未來不可量
遠方的父母　兄弟姐妹親屬們一心一意
坐整夜通宵的火車　再步行走路前來道場
一路受累　還要堅強裝出笑臉　只望成就孩子心願
慶幸自己的小孩　變成佛門的小沙彌
再遠的路途　都要前來　一同觀禮　獻上祝福

眾人齊身　場面簡單隆重　祝賀法王座下又添孫
長老定和尚慈悲　親自給圓頂剃度　又正授沙彌戒
稚嫩的小臉　堅定的眼神　自己似乎彷佛知道
偉大的三界人天導師　佛陀　出自家鄉本土

今天有幸　蒙三寶具足　有出家的福報　承載多少人的使命
未來應當一心發願　續佛慧命　紹隆佛種
如今透過眾人的願力匯聚　一批又一批的灌溉栽培
菩提幼苗茁壯　來日有望　印度佛教　再次重光

曾來臺參學的沙彌日誌　已經出版到三集
沙彌們一筆一捺　一字一字寫出
畢竟　中文字不是母語　最難學得精準
法師用心校對　逐字看過　核過
自己心中　難以分解的酸甜苦辣
一時　如流水清泉般的流暢
又似　白雲飛翔來去無踪影

臺灣駐印田中光大使伉儷　前來祝賀歡喜揭幕
願所有心力　有能力的人　歡迎來共襄盛舉
也感謝所有有緣人　見證佛陀故鄉的教育成果

我終於明白
佛教使命的代代傳承
皆是發菩提心　廣度有情
因為人能弘道　非道弘人

印度

泰姬瑪哈陵

一顆糖果　牽動兩個人的情愫
讓她從平凡的民間　走進皇宮
她入宮十九年　為他育有十四個小孩
為了愛　自己的肚皮不曾休息過
她臨終前　向他提出了四個遺願
其中就是為她　建造一座美麗陵園
他為了實現對她　生前最後的承諾
他耗費二十二載光陰　安排一千頭大象
拖運來自各地出產四十八種寶石
僱用兩萬個工人　不分晝夜

傾心為她築造一顆　人世間　永恆的眼淚
這滴男兒淚　流得慢　流得熱　也流得大
竟用三百六十年的歲月　還在輪轉不已
鑲嵌住他對她　日夜無盡的相思
外水池中的倒影　似乎表明思念無止盡
路上停留的白鷺鷥　與擦身而過的戀人
彷彿愛情的魔力　燃燒著熊烈的火焰　燒傷追逐它的人
泰姬瑪哈陵　早中晚　所呈現出的面貌各不相同
早上是燦爛的金色　陽光下是耀眼的白色
斜陽夕照下　白色從灰轉金黃
在月光下　又映著淡淡的藍色螢光
更給人一種恍若仙境的感覺
更像愛的善變　情的惆悵

陵地原是一群在修行精靈居住的福地
他原以為全力建築瑪哈陵　應該不難

但是精靈很俏皮　每晚夜深人靜時　常出來工地搗亂
讓白天築好工程　夜晚歸零　一次築好又一次歸零
只因精靈心有不甘　唯一的居所被人類佔有
今後　自己將往何處去？
精靈應該難以理解　人類所謂的愛情
愛是什麼　為什麼能量這樣強大
讓人完全不畏生死　透視眼前的苦難
情又是什麼　延伸這麼多的牽腸掛慮
讓人備受煎熬　還是一心等待守候

鎖在愛裡的人　彼此眼裡容不下一粒沙子
這粒沙子　流下不止是眼淚　那是年少懵懂加上無知
因為無知　所以不會害怕疼痛難過
所以疼痛　也喚不起自己願意覺悟

一直以為愛得深　對方一定也是愛自己
最後才知道　失去了自心

一直以為不會愛人　其實不愛人　也不是罪過
只是彼此檔次有異同

如今工業的酸雨
開始侵蝕　這美麗白色的皇冠
是人民的眼淚　還是他的眼淚　已經不重要
願所有到泰姬瑪哈陵　遊訪的人們　明白
唯有走上無我的格局　才能發揮小我的價值

我終於明白
瞭解到愛的真諦　是生命必經的過程
但它不是生命的全部　你無法避免它的存在
但是要懂得技巧　去昇華它的能量

後記

師父為了鼓勵我連續投稿《人間福報》——大陸寺院篇，在傳燈樓人間社寄存一筆費用，凡我投稿，全版見報，有人就會把費用給我。

有一天自己突然心血來潮，一次寄出六封信給師父，每封信都近兩千字，請侍者慢慢念給師父聽，就在某一天師父在開示中，有提到我文章中的杭州虎跑寺，我心裡想，應該是這篇文章，無論在敍述的手法上、用辭上都算是脫俗，自己也多看了好幾回。

在常住接待外賓七年，累積人數近兩萬人次，我想出去轉轉，師父慈悲，賜予兩個月假期，讓我去了日本二十天，走訪二十四間寺院，寫了六間千年寺院，也陸續見報。

有天接待外賓，我幫師父開門，師父知是我，就隨心說了一句：你去日本的報告，我都聽了。我一直向上看，以為師父離我很遠，而師父一直站在高處，處處關心我。

文字是我與師父接心印心的連接，只要我一直努力寫，師父知道這個小徒弟又去天馬行空……

感謝所有一切因緣，成就小書出版。

——二〇一七年十一月十五日於西山普賢殿

國家圖書館出版品預行編目(CIP)資料

行者 / 慧是著. -- 初版. -- 新北市 : 香海文化, 2018.02
面； 公分
ISBN 978-986-95215-4-3 (平裝)

224.512　　106021865

行者

文・攝影　慧是

執行編輯　阮愛惠
美術編輯　不倒翁視覺創意
封面設計　翁翁
封面題字　星雲大師

出版・發行　香海文化事業有限公司
發 行 人　慈容法師
執 行 長　妙蘊法師

地　　址　241新北市三重區三和路三段117號6樓
　　　　　110臺北市信義區松隆路327號9樓
電　　話　(02)2971-6868
傳　　真　(02)2971-6577
香海悅讀網　www.gandha.com.tw
電子信箱　gandha@gandha.com.tw
劃撥帳號　19110467
戶　　名　香海文化事業有限公司

總 經 銷　時報文化出版企業股份有限公司
地　　址　333桃園縣龜山鄉萬壽路二段351號
電　　話　(02)2306-6842
法律顧問　舒建中、毛英富
登 記 證　局版北市業字第1107號

定　　價　新臺幣250元
出　　版　2018年2月初版一刷
I S B N　978-986-95215-4-3
佛光審字　第00042號
建議分類　文學・記遊・攝影